中學生作文診所

分類作文

李浩英　主編

蒲基維　校閱

出版說明

　　語文能力涵蓋了「聆聽」、「說話」、「閱讀」與「寫作」等能力，其中「聆聽」與「說話」是屬於語言方面的運用，而「閱讀」與「寫作」則屬於文字（或文章）方面的運用。單就文字（或文章）的運用能力來說，「閱讀」與「寫作」實為一體兩面的互動行為。一般而言，作家在創作之前，已經形成自我的基本風格和中心情理（主旨），再經由主觀的觀察、記憶、聯想、想像等過程，蒐集適當的材料而形成意象，透過相對應的符號（一般稱為文字）表現出來，或進一步運用文學技巧（一般是修辭）以美化意象；另一方面又透過邏輯思維以組織材料的客觀條理，逐步積字成句，積句成篇，以完成文章的創作，而字句的邏輯稱為文法，篇章的邏輯則稱為章法。這是寫作的心理過程，一般呈順向發展。我們閱讀文章時，通常會透過文學作品中的材料，以瞭解其個別意象，並藉由意象之符號體會其詞彙與修辭的美感；另一方面，又透過文法以瞭解字句的條理，運用章法以分析篇章的邏輯；再進一步結合主觀的形象美感與客觀的邏輯思維，逐步推展出文章的核心情理，並歸結出文章的韻味與風格。這是閱讀（含鑑賞）的心理過程，一般呈逆向推展。由上述歷程可知，「閱讀」與「寫作」就是逆向與順向的互動關係，更可見出「寫作能力」實為語文綜合能力的展現。

　　寫作能力的培養愈早愈好，在中、小學階段若能進行有

計畫的寫作訓練，將可有效提升學生的語文能力，奠定良好的語文表達的基礎。近十年來，由於教育的改革牽動了教育多元化的發展，卻也忽略了中、小學生寫作能力的培養，導致學生寫作能力普遍低落。直至幾年前，臺灣教育當局鑑於學子寫作能力低劣的嚴重性，開始研議在基本學力考試中恢復寫作測驗，此舉固然引發多方討論，卻為臺灣語文教育帶來一道曙光。這項教育決策，從二○○六年的試考，到二○○七年正式列入國中基本學力測驗的考試科目，在命題與評閱方面亦建立了較為公平客觀的標準，使臺灣中學生的語文教育回歸正常化，也帶動了學校及民間單位投入作文教學的新趨勢。

　　作文教學是語文教育中的重要環節，從教法的研究、教材的編寫、作業的批改和級分的評量等等，都需要完整的程序設計，才能有效訓練學生的寫作能力。由於各界用心的投注，目前有許多作文教學師資的培育，提供了寫作訓練的理論與實務訊息，語文教師可以多方接收新穎而實用的作文教法；另一方面，坊間為配合一般寫作及基測作文所編寫的各式教材，也能提供語文教師教學之用。唯今（二○○七）年是基測寫作測驗實施第二年，學生所累積的作品數仍嫌不足，未能抽選學生的作品樣卷，更遑論具體呈現臺灣本地國中學生的寫作實況。所以，目前坊間仍未出現以「作文評改」為主軸的教學範本。有鑑於此，我們試圖引薦海峽對岸所出版的《中學生作文診所》叢書，精選其《想像作文》與《分類作文》兩冊，作為我們寫作教學的重要參考。本叢書就是以「作文評改」為主軸的教材，其主要特色有四：

一、涵蓋各種程度的學生作品

　　本套叢書的編排體例，分「重症區」、「微恙區」和「健康區」三個區塊。所謂「重症區」收錄了缺點較多的學生病文；「微恙區」的學生作品在整體立意結構上問題不大，只有一些小毛病需要改進；至於「健康區」則收錄了值得展示的優秀作文。這樣分級分等的編排方式，相較於一般坊間只收錄優秀範文的作文書，更具有參考的價值。

二、作品的題材多樣而新穎

　　這套叢書所收錄的作品非常多樣，如《分類作文》的「人物畫廊」、「身邊的故事」、「風景如畫」、「想像天地」、「青春論壇」、「我讀我看」等，《想像作文》的「繽紛夢想」、「科幻天空」、「童話寓言」、「故事新編」、「全新創作」等，在題材與內容方面也多能結合現代生活新知，頗能契合新世代學子的思維，足以提供充分而適切的寫作範本。

三、評改詳盡，對症下藥

　　這套叢書是以「作文評改」為主軸的作文教材，針對「重症區」的病文歸納出寫作上的「十大病症」，進而對症下藥，並提出改進意見與範文重寫；至於「微恙區」的病文，包含字句的錘鍊、內容材料的應用、整體篇章結構與主旨的呈現，也多能提供精密而詳盡的寫作意見。

四、文中精批與文末點評並呈

　　作文評改除了缺點的改正之外，對於學生作品的優點仍需要用心發掘。本套叢書在文中的「精批」與文末的「點評」就發揮了這項功能。「精批」是針對局部的遣詞造句與材料

運用提出看法，「點評」則就文章整體的主旨呈現與謀篇布局點出意見，具有畫龍點睛、提綱挈領的效果。本書兼顧了學生作品的局部與整體，是作文評改上值得參照學習的範本。

　　我們出版這套叢書，儘量能維持原書的編寫風格，唯兩岸的生活環境、詞彙用語、意識型態仍有所差異，基於書中內容的適用性，我們刪改了原書的某些詞彙與觀念，並加入臺灣地區常用的寫作教學之重要概念。至於含有特殊意識型態的作品則不收錄，期能符合國內學子與教師在寫作教學上的需求。本套叢書出版倉促，在校閱與修訂上仍有許多缺漏，祈各方不吝賜教，提供我們寶貴的意見。

蒲基維　寫於南港寓所

2007/9/4

前　言

　　作文難寫，作文寫不好，作文大毛病小毛病不斷，總之，寫作文是一件當下讓眾多中學生朋友們頭疼的事情。但是，作文寫作中出現的各種問題並不是不可解決的，正如我們人自身有了毛病可以找醫生治療一樣，有病的——也就是有問題的作文，同樣可以在被修改之後成為優秀的作文。鑒於目前中學生作文寫作中面臨的種種境況，為了更好、更快、更直接、更方便地提高大家的寫作水平，我們從成千上百篇在校中學生的作文中層層篩選、認真甄別、精心構思，從而做成《作文診所》圖書，成為時下圖書市場上一個獨特的系列。

　　《作文診所》叢書體例新穎，編排精當，所選文章的內容貼近生活，有時代性，充分展示了當代中學生的風采。

　　在體例的編排上，全書分「重症區」、「微恙區」和「健康區」三大板塊。「重症區」包含十大病症，都是結合中學生朋友們在寫作常出現的毛病及常最容易丟分的地方精心總結而成。「重症區」的文章，相對而言都是要動大手術的，針對每一個重症，我們都給出最能代表此類病症的病文，讓大家在看病文的過程中體會自己在寫作中需要注意的地方，吸取教訓，總結經驗；每一篇病文後由「坐診醫生」開出處方，給出修改方案，比如此篇病文在結構上有何失誤

之處，開頭和結尾存在哪些隱患，立意上怎樣淪於平庸等，結合病文中的實例，一面給出具體的修改意見，一面從方法上教給大家在寫作中如何避免此類失誤的出現，可謂事理畢備。

「微恙區」所選文章在整體上是相對優秀的，文章結構或立意等都沒有什麼欠缺，只是在個別地方存在小毛病，好比人身上偶爾得個頭痛腦熱什麼的，都屬正常現象。但這樣的小毛病如果我們不予重視不加治療，而是任其發展下去那也是會病情加重的，這樣的作文在考場自然也就失去了得高分的機會。所以我們精心選編出一批這樣的文章，加以分析，找出其「小恙」之處，比如詞語搭配不當、關聯詞誤用、主謂不一致……在此基礎上開出「處方」，讓中學生朋友們在整體把握了作文寫作技巧之後學會追求完美，爭取寫出滿分作文。

「健康區」，顧名思義就是展示的優秀範文，前面兩個板塊讓大家認識了作文寫作中的病症以及如何處理，正如醫家所言，有病須治更須養，養就是調養之意，對於作文，我們可以理解為學習、借鑒、揣摩、提高。「健康區」的文章多是選自獲獎的或是在考場得到滿分的作文，多讀一些這樣的作文，無疑對於提高中學生朋友們的寫作水平是極有幫助的。

另外，本叢書所選作文的作者多為在校中學生，因此他們筆下的人、事、情、物、景都貼近中學生的生活，他們筆下反映出來的自然世界與內心世界是他們這個年齡所特有的，他們的觀察視角體現了新世紀新時代青少年的思維方

式，可以說，從這裡，每一顆年輕的心都能產生共鳴，每一個年輕的讀者都會感受到朋友就在身邊。

　　由於編著時間的倉促及編者自身在經驗和知識上還存在不足，因此本書在編寫過程中難免存有遺漏，歡迎廣大讀者朋友指正。

編者

2005年8月

目　錄

出版說明

前言

重症區

※**常見症狀一**.. 002

語言表意不明確；舉例說明不具體；文章要素交待不清楚。

※**常見症狀二**.. 006

內容空泛，材料的運用及發揮不夠充分，無法凸顯文章的主旨。

※**常見症狀三**.. 011

段落與段落的銜接失當；沒有議論抒情，導致文章思路不清晰。

※**常見症狀四**.. 016

表現力不強，材料不充分，以至於行文不流暢，主題表達不明確。

※**常見症狀五**.. 019

材料使用不當，以致偏離主題。

※**常見症狀六**.. 023

語句不流暢，論述不充分，無法完整、準確地表達自己的想法。

※**常見症狀七**.. 027

對話太多，語意囉嗦，沖淡了主題思想。

※**常見症狀八**.. 031

題目與內容結合不緊密，離題。

※常見症狀九 036

題材不新，理由不充分，陳詞濫調，無法打動讀者，以致達不到寫作的目的。

※常見症狀十 041

語意表達含混，整體意思不清楚，行文不流暢。

微差區

【人物畫廊】

■自我寫真

我愛讀書／048

反思／051

14歲的歡呼／053

找到真正的自己／055

我的今年／056

■親人像冊

爸爸／059

我的父親／062

回憶我的爺爺／064

我的奶奶／067

■師生之間

教師節／070

KAWAYI老師／072

唐老師，我永遠愛您／075

對與錯／078

■芸芸眾生

陽光永遠不會被遺忘／081

變了／083

美麗的誤會／086

【身邊的故事】

■童年樂章

童年／089

一次痛苦的經驗／091

童年趣事／093

童年趣事／095

童年趣事／098

■往事如歌

春燕／100

美麗人生／102

撬開珍藏著的記憶／104

■家庭紀事

和爸爸媽媽做飯／107

父母對我的愛／109

暖暖的歌——母親的心，我懂／111

有家真好／113

■社會見聞

打工／116

刺激的週末／118

自食其力／121

【說明天地】

我的布娃娃／123

我喜愛的一種動物／126

可愛的油茶樹／127

【風景如畫】

■繽紛四季

北京的秋天／130

冬之韻／133

寧靜的午後／135

尋秋／137

■氣象萬千

雪／139

雪／141

初雪／143

雪之劇／144

■青山秀水

暢遊青島／146

攀鷲峰／148

難忘的一瞬間／150

【想像天地】

局長的日記／152

去遠方／154

機會／156

鋼筆求醫記／158

【青春論壇】

爲魯迅喝采／161

水滴石穿／164

由快樂聯想到的一系列問題／166

追求的人生是美麗的／169

【我讀我看】

讀《十四歲的九局下半》有感／172

觀《天堂的孩子》有感／175

觀《螢火蟲之墓》有感／177

健康區

【人物畫廊】

■自我寫真

我也是美女／182

我本平凡／184

■親人像冊

比我大九分鐘的哥哥／187

「外星人」老爸／189

■師生之間

實習老師／194

我的物理老師／196

■芸芸衆生

今天的交通警／199

藍色女孩／201

【身邊的故事】

■童年樂章

童年趣事／208

童年漫憶／209

■往事如歌

一次難忘的實踐／215

第一次做家教／217

■家庭紀事

媽媽的簡訊／221

我家的新事／223

■社會見聞

二狗抓猴兒／227

小街裡的房子／229

【說明天地】

西紅柿史話／237

蟈蟈籠子的製作／239

【風景如畫】

■繽紛四季

昆明的冬天／245

秋葉飄飄／247

■氣象萬千

黎明的雪／251

聽雨／253

■青山秀水

秋遊香山／257

桂林的山／259

【想像天地】

假如我掌握了隱身術／266

發生在2115年／268

【青春論壇】

不要不懂裝懂／274

模仿與創新／277

【我讀我看】

讀《三國》所思／282

永恆的靈魂——重讀《海的女兒》／284

中學生作文診所
分類作文

重症區

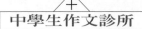

★★★★★★★
常見症狀 *1*

語言表意不明確；舉例說明不具體；文章要素交代不清楚。

病文

媽　媽

我的媽媽呀，什麼都好，只有一點說出來就讓我和爸爸搖頭嘆氣的「致命」問題：什麼事都下不了決心。

媽媽時時處處都優柔寡斷。家裡的貓咪死了，媽媽想到貓咪的屍體全腐爛了，還是沒有想出該怎麼辦。去老師家上課，車停在路口，紅綠燈都變了好幾次了還沒有決定從哪條路走。大家商量到哪兒玩，讓媽媽決定，七天後居然還是沒有結果。

昨天我和媽媽來商場買文具盒。我們來到文具旁，我們看見有小兔子的鉛筆盒，小貓的、透明的。我看得眼花繚亂，我問媽媽哪個好，她看見一個粉紅色的鉛筆盒，就不假思索地說：「這個鉛筆盒好，打開看看。」我剛打開第一層，媽媽就讓我來看另一個3層的黑色的鉛筆盒。我剛過去，還沒走到呢，媽媽的眼睛就盯著一個戴紅色閃卡的小女

孩手中的鉛筆盒。那個鉛筆盒實在漂亮：淡綠色爲底，一隻可愛的小貓在草原上奔跑。可媽媽還不滿意，眞是「雞蛋裡面挑骨頭」呀。我又跟著媽媽看了四、五個，終於挑好了。我已累得手都麻了，汗一個勁得往外冒。

前幾天，我要買一隻小動物。這不，上上週才剛敲定讓媽媽選。當天，我還看媽媽在愁眉苦臉的想著問題呢，可怎麼都過了兩天了，媽媽還沒反應呢？今天，我終於忍不住了，趁媽媽不在時悄悄地看了看，嘿，名單上列著一大堆動物的名字，好像家裡是個小小動物園。

今天媽媽餵小烏龜，她左手拿著龜食，右手拿著蟹肉，站在盆子前半天不動手，饞的小烏龜直伸脖子。我出去倒垃圾時她這樣，回來時還這樣。她不知道到底餵哪一種好。

哎，媽媽就是一個優柔寡斷的人。

◎◎◎◎◎◎◎◎◎◎◎◎◎◎◎◎◎◎◎◎◎◎◎◎

在原句基礎上改用恰當的詞彙，使句意明白曉暢，舉例說明時列出相關的內容把事件交代清楚。

第二段修改稿

媽媽時時處處都優柔寡斷。家裡的貓咪死了，媽媽想處理，可是直到貓咪的屍體全部僵了，還是沒有想出該怎麼辦。去老師家上課，車停在路口，紅綠燈都變了好幾次，還沒有決定從哪條路走。大家商量週末到哪兒玩，想讓媽媽決定，七天後媽媽那裡居然還是沒有結果。

第四段修改稿

前幾天，我要買一隻小動物。這不，上上週才剛敲定讓媽媽選。當天，我還看媽媽在愁眉苦臉的想著呢，可怎麼都過了兩天了，媽媽還沒反應呢？今天，我終於忍不住了，趁媽媽不在時悄悄地看了看。嘿，媽媽居然在一張紙上列出了一大串動物的名單。名單上列著一大堆動物的名字，有小狗、小兔子、小雞，還有小白鼠……看這個架勢，我們家好像可以變成個小小動物園啦！這時媽媽走進來，我問媽媽買哪個，媽媽說：「我還是沒有想好。」

第五段修改稿

家裡養著一隻小烏龜。今天媽媽餵小烏龜，她左手拿著龜食，右手拿著蟹肉，站在盆子前半天不動手，饞得小烏龜直伸脖子。我出去倒垃圾時她這樣，回來時還這樣。原來，她不知道到底餵哪一種好。

要注重字詞的積累。同學們除了把課本上的生字記清、記牢外，還應處處留心，將不認識的、不熟悉的字隨時掌握，弄清楚它們的形、音、義。

廣泛閱讀是積累詞彙的最直接的途徑。通過用心閱讀，我們能提高語言素養，培養表達能力，豐富思想感情，從中盡情領略語言文字所帶給我們的巨大的感染力。

有了豐富的字與詞的積累，我們就擁有了語言的「財

富」，我們才有能力來講語言的精煉、生動、形象等特點，才有能力談如何使文章更有「文采」，才有能力總結和掌握使用語言的技巧。

★★★★★★
常見症狀 2

內容空泛，材料的運用及發揮不夠充分，無法凸顯文章的主旨。

病文

我的體育老師

我的體育老師姓徐，個頭兒不高，不胖不瘦，給人一種強健的印象。他總是穿著球衣球褲，老遠一見，你就知道他是教體育的。

他待人很親切，無論是上課還是下課，都是一副親切的樣子，人見人愛。他的性格很開朗，也不乏幽默，有時候又很嚴肅。在上課時，他是很有耐心的，一些體育技能差的同學，上他的課一點兒也沒有緊張感，因為他不輕易批評人，總願意一對一地教你動作，直到你學會為止。不像有的老師，只教一兩遍，再不會，他可就埋怨人了，以至於同學們緊張兮兮的。在徐老師面前，大家都是很開心的。

徐老師還愛說幾句文言文。一次，我們問他：「徐老師，你有什麼愛好？」他先朝我們眨眨眼笑了，接著用文言文的口吻說：「我乃舉重愛好者也！」我們聽了，便是一陣

哄笑。徐老師的確是一個有趣的人，他經常用一些小故事來激勵我們，使我們對體育課產生了興趣。

還有一些要提到的是，徐老師對工作非常負責。他經常利用課餘時間給請病假或事假的同學補課。一次，我生病了，事後就是他給我補的課。

我的體育老師是一個平凡得不能再平凡的人。每天早出晚歸，學校的操場上，經常能見到他帶領校隊訓練的身影。在市裡的比賽中，我校總能獲獎，應該說，他是有功勞的。

徐老師就是這樣一個人，我從內心裡敬重他。在他身上，我看到了一位為人師表的優秀品質。

怎樣克服空泛的毛病，使內容充實起來呢？修改的方法是：

上文寫了徐老師多個方面，如態度親切，教學有耐心，性格開朗，工作負責等等，這些內容都能反映「徐老師」的精神風貌，值得寫。由於作者沒有注意到「思路清晰」，以致幾方面內容雜糅在一起，如第二段。又由於作者對有關內容是用概括、籠統的詞語來交代，以致文章內容「有骨無肉」。如「他的性格很開朗」，如何體現「開朗」？作者沒有展開來交代事實並作具體描述。如果修改成下面的樣子，文章就有進步了。

我的體育老師 (修改稿)

我的體育老師姓徐，個頭兒不高，不胖不瘦，給人一種強健的印象。他總是穿著球衣球褲，老遠一看，你就知道他是教體育的。

徐老師待人很親切，無論是上課還是下課，都是一副親切的樣子，人見人愛。隊伍集合起來，他在你面前一站，一咧嘴，臉上便布滿了微笑；個別同學因拖拉未及時入隊，他也總是輕聲地催幾句：「快點兒，快點兒！」教動作了，他先是示範，再讓你做幾遍給他看。在這個時候，同學們往往心裡很緊張，怕做不好遭人笑話。徐老師很懂得心理學，輕聲地說：「再來一次，比上次進步多了，很好……還是差一點點……」聽他這一說，我們心裡的石頭便落了地。時間長了，一些體育技能差的同學上他的課，一點兒也沒有緊張感，大家都開心得很。

徐老師上課認真負責，一絲不苟。時值仲春，不少同學因生病迫不得已請假。徐老師就利用課餘時間給他們補課。有一次學新體操，兩週後各班進行體操比賽，我因病沒有學會，心裡很著急，生怕影響班級成績，徐老師就來找我，非補上兩節課不可。最後一節跳躍運動，我的動作很不協調，旁邊的同學見了摀著嘴巴笑，徐老師沒有埋怨我學得慢，而是把動作分解開來作示範，整整教了我十遍，直到我的動作正確了，他才罷休。除了常規課外，徐老師還帶了一個校

隊，帶隊態度也是如此。記得有一次，一位女同學的腿生了癤子，很疼的，徐老師硬是讓她跑三千公尺。這位女同學撐不下來，臨近終點停了下來，徐老師就陪她補了一圈兒。有的同學說：「不就是差幾公尺嗎？」徐老師說：「這最後幾步最能考驗你是否有意志力。運動員沒有意志力，怎麼能夠取勝呢？」說得大家心服口服，沒有辦法不按照他的要求進行嚴格的訓練。

人們常說，體育老師四肢發達，頭腦簡單，其實這是一種誤解。徐老師有多種愛好，是一個多才多藝的人。除了他的老本行——舉重，他還愛好音樂，尤其是唱歌。平時在體育館裡，經常碰到他唱歌，中外民歌是他最愛唱的。元旦晚會上，徐老師特地來到我班，用歌聲向同學們祝賀新年。記得他演唱了一首《大板城的姑娘》，表情豐富，歌聲嘹亮，一邊唱一邊跳起了新疆舞，同學們都情不自禁地鼓掌喝采。徐老師的另一個愛好就是集郵，一次，學校舉辦郵展，他一個人就拿出了十大本集郵簿，其中有一本是名人專輯，真讓我們大開了眼界。

徐老師就是這樣一個人，我從內心裡敬重他。

要使文章的內容豐富起來，可以捕捉到一篇文章的「擴展點」，擴展之後文章的整體就會顯得豐滿了。一般來說，一篇文章的「擴展點」大致有：

重症區

1.敘述的重點

一件事從頭至尾敘述下來，哪怕是平鋪直敘，也絕不會是輕重不分的。事情的起因，變化過程中的節骨眼兒，最能打動人心的地方，最能揭示主題的地方等等，這些「地方」都是敘述的重點。這些「重點」自然是你著力加以擴展的地方。

2.描寫的中心

寫景狀物，刻畫人物，你自然不會認爲各方面都點染幾筆爲好。比如寫人吧，魯迅的經驗是刻畫人物的「眼睛」，典型的例子便是他的力作《祝福》，三次描寫祥林嫂的「眼睛」。魯迅的「畫眼睛」實際上是一種比喻的說法，即運用他慣用的集中筆墨集中描寫人物最具個性地方的筆法，又如《孔乙己》中多次寫孔乙己的語言等。

3.抒情的沸點

「沸點」是個比喻，即指最讓人動情的地方，感情最濃烈的地方。反覆詠嘆，不厭其煩，就是擴展抒情點的妙法。具體來說就是通過排比修辭的運用，使喜怒哀樂方面的情感得到有序的略顯誇張的抒發，從而使讀者受到強烈的感染或打動，如魏巍《誰是最可愛的人》的結尾。

段落與段落的銜接失當；沒有議論抒情，導致文章思路不清晰。

病文

我和我的兄妹們

　　我和我的兄妹們性格迥異。我很內向，一切都願意藏在心裡，包括語言。我的兄妹們很外向，最忌諱說話的吃飯時間，他們的嘴皮子一分鐘也閒不了。熟人見了大多驚訝不已：「你們性格差異這麼大，怎麼成了兄妹？」

　　我愛玩的東西，我的兄妹大都不愛玩。一見到有人下五子棋，我就得過去看兩眼，遠遠的看見，就算是一顛一跛我也會跑過去。那天我到外婆家給外婆過生日，正吃著生日蛋糕，一聽到姐姐和二舅在下五子棋，我竟端著碗跑過去了。其實姐姐和二舅的棋藝都很差，但我看棋是毫不挑剔的。而弟弟一下五子棋就開始打哈欠，會沒完沒了的打，十次有九次會輸，他的心思根本就沒有在棋盤上，不喜歡的東西怎麼能夠集中他的精神？

　　可是他們還總是爭著跟我玩。妹妹憋紅了臉，大聲衝弟

重症區

⑪

弟嚷：「我下棋比你棒多了，我應該跟紫毫哥下！」我感覺自己的耳膜都快被震裂了。而弟弟也瞪大了眼睛，一把將妹妹推到了沙發上，拿了條板凳就坐在了我的對面，妹妹氣得眼淚直在眼睛裡打轉。

原來，一年中我們在一起的時間只有十幾個小時。由於爺爺家在保定，坐火車一個來回就得兩小時，所以我平時沒時間去。一年中，我只在初二坐火車回爺爺家一次，初四就回來。而這幾天中，我的弟弟、妹妹都是上午十點坐車到那兒，下午四點就要回家了，每年和我見面的時間只有這短短十五、六個小時。

1. 增加必要的過渡銜接

我和我的兄妹們

我和我的兄妹們性格迥異。我很內向，一切都願意藏在心裡，包括語言。我的兄妹們很外向，就連最忌諱說話的吃飯時間，他們的嘴皮子一分鐘也閒不了。熟人見了大多驚訝不已：「你們性格差異這麼大，怎麼成了兄妹？」

性格不同，好惡則不一。一見到有人下五子棋，我就得過去看兩眼，遠遠的看見，就算是一顆一跋，我也會跑過去。那天我到外婆家給外婆過生日，正吃著生日蛋糕，一聽

到姐姐和二舅在下五子棋，我竟端著碗跑過去了。其實姐姐和二舅的棋藝都很差，但我看棋是毫不挑剔的。而弟弟一下五子棋就開始打哈欠，會沒完沒了地打，十次有九次會輸，他的心思根本就沒有在棋盤上，不喜歡的東西怎麼能夠集中他的精神？

可是儘管如此，他們見到我還總是爭著跟我玩。妹妹見弟弟要與我對弈，竟然憋紅了臉，大聲衝弟弟嚷：「我下棋比你棒多了，我應該跟紫毫哥下！」我感覺自己的耳膜都快被震裂了。而弟弟也瞪大了眼睛，一把將妹妹推到了沙發上，拿了條板凳就坐在了我的對面，妹妹氣得眼淚直在眼睛裡打轉。

原來，一年中我能夠跟他們在一起的時間只有十幾個小時。由於爺爺家在保定，坐火車一個來回就得兩個小時，所以我平時沒時間去。一年中，我只在年後初二坐火車回爺爺家一次，初四就回來。而這幾天中，我的弟弟、妹妹都是上午十點坐車到那兒，下午四點就要回家了，每年和我見面的時間只有這短短十五、六個小時。

2. 增加必要的議論抒情

我和我的兄妹們

稀，則少；少見則新鮮。

我和我的兄妹們性格迥異。我很內向，一切都願意藏在心裡，包括語言。我的兄妹們很外向，就連最忌諱說話的吃

飯時間，他們的嘴皮子一分鐘也閒不了。熟人見了大多驚訝不已：「你們性格差異這麼大，怎麼成了兄妹？」人的性格與愛好直接相關，我喜靜，兄妹好動！

性格不同，好惡則不一。一見到有人下五子棋，我就得過去看兩眼，哪怕是遠遠的看見，我都會一顛一跛地跑過去。那天我到外婆家給外婆過生日，正吃著生日蛋糕，一聽到姐姐和二舅在下五子棋，我竟端著碗跑過去了，其實姐姐和二舅的棋藝都很差，但我看棋是毫不挑剔的。而弟弟一下五子棋就開始打哈欠，會沒完沒了地打，十次有九次會輸，他心根本就沒有在棋盤上，不喜歡的東西怎麼能夠集中他的精神？

可是儘管如此，他們見到我還總是爭著跟我玩。妹妹見弟弟要與我對弈，竟然憋紅了臉，像是受了天大的委屈，大聲衝弟弟嚷：「我下棋比你棒多了，我應該跟哥哥下！」我感覺自己的耳膜都快被震裂了，實際妹妹平時很溫柔，說話連嘴都張不大。而弟弟也不甘示弱地瞪大了眼睛一把將妹妹推到了沙發上，用的力氣大且猛，之後拿了條板凳就坐在了我的對面，兩手把著桌子沿，把身子壓在棋盤上，以防被妹妹奪去陣地。妹妹呢，此刻氣得眼淚直在眼睛裡打轉，表情楚楚可憐。他們是真心實意願意和我單獨在一起多待一會兒！

原來，一年中我能夠跟他們在一起的時間少得可憐。由於爺爺家在保定，坐火車一個來回就得兩個小時，所以我平時沒時間去。一年中，我只在年後初二坐火車回爺爺家一次，初四就回來。而這幾天中，我的弟弟、妹妹都是上午十

點多坐車到那兒，下午不到四點就又要回家了，每年和我見面的時間只有這短短十五、六個小時。

凡是文章前後內容承接相對較為緊湊或是段落之間的意思跳躍不大的地方，一般可採用詞語過渡的技巧。常用於過渡的詞語有以下這些：「因此」、「所以」、「可是」、「然而」、「況且」、「不過」、「儘管」等。如果文章內容由一件事轉到另一件事相交接的地方，或是倒敘、插敘和順敘相轉換的地方，一般就採用句子過渡的技巧。在文章大的層次之間，特別是意思轉換明確、跨度較大的地方，一般可採用單獨設段過渡。

★★★★★★★
常見症狀 4

表現力不強，材料不充分，以至於行文不流暢，主題表達不明確。

病文

發生在我身邊的一件事

今年暑假裡，我和爸爸看見晚報上有一篇徵文啓示，題目叫「給玉明同學的一封信」，我和爸爸每個人都投了一篇稿子。可過了一個月，報紙上登出了我的文章，卻沒登我爸爸的，爸爸看了看報紙，臉「刷」地一下就紅了。

5天之後，廣播電視報上出現了「歡迎參與『我與名牌』徵文」這麼幾個字。這回爸爸看見後，不是像寫「給玉明同學的信」那樣了，而是從第二天上午開始認眞地寫。他以前每天上午都要抽5、6根煙，而那天上午他從九點一直忙到了中午一點竟然沒抽一口煙，還餓著肚子。誰知他還不滿意，又修改到了晚上八點，肚子還在「咕咕」地叫個不停。爸爸吃完飯把徵文打出來讓我檢查，我一看就呆了，這篇文章差不多都快2000字了！媽媽幫爸爸把這篇文章寄了出去。

今天，爸爸正睡著覺，忽然被一個電話吵醒了。爸爸拿起電話，電話裡說道：「您就是常衣子吧！您的徵文獲獎了，10月8號在收音機裡播！」爸爸聽了，一下子來了精神。

看來，多麼棒的人也需要努力。

◎◎◎◎◎◎◎◎◎◎◎◎◎◎◎◎◎◎◎◎◎◎◎

充實文章內容，修補文章缺失的材料：

發生在我身邊的一件事 (修改稿)

爸爸的文章寫得特別棒，9年出了16本專講作文的書。從他寫過的文章中隨便拿出一篇就能叫我拍案叫絕。去年5月，他一連寄出了8篇徵文，全獲獎了！有4篇登在了報紙上，有3篇由廣播電台播出，還有一篇拍成了動畫片。媽媽直衝爸爸伸大拇指，我也覺得，爸爸簡直太棒了！

今年暑假，我和爸爸看見晚報上有一篇徵文啓事，題目叫「給玉明同學的一封信」，我寫了一篇稿子，爸爸也坐在電腦前，僅用了20多分鐘就寫了一篇。可過了將近一個來月，報紙上登出了我的文章，而爸爸的那篇稿子卻如石沉大海沒了消息。一連好幾天，爸爸的表情都不大自然。

5天之後，廣播電視報上又出現了「歡迎參與『我與名牌』徵文」這麼幾個字。這回爸爸看見後，不像寫「給玉明

同學的信」那麼瀟灑了，而是從第二天上午就開始冥思苦想這篇文章的構思。爸爸以前每天上午都要抽5、6根煙，而那天上午他從九點一直忙到了中午一點竟然沒抽一口煙，還餓著肚子。誰知這樣他對寫完的文章還不滿意，我放學之後看到爸爸又修改起來，一直修改到了晚上八點多，肚子「咕咕」地叫個不停，可我和媽媽把飯放到他的手邊爸爸都不動……

今天，爸爸沒在家，電話鈴突然響了。「您好！」我拿起電話聽筒。「這裡是常衣子的家吧！」原來是爸爸的電話，「請您轉告常先生《我與名牌》的徵文獲獎了，10月8號在廣播電台經濟台裡播出！」我高興得當時竟忘了和電話裡的叔叔說再見。

看來，多棒的人也需要努力。

要增強文章的表現力，使材料充實，就要做到：排列要點，具體擴展。所謂「排列要點」，就是把文中寫到的人物的幾個特點以及作者對人物的幾種認識與評價，用概括性的語句寫在段落的開頭，作為各段內容的中心句。所謂「具體擴展」，就是圍繞中心句，補充相關的事實，或是對中心句的關鍵詞所表達的意思加以具體的描述。這是用事例寫人的常用的方法，做起來並不難。

材料使用不當，以致偏離主題。

病文

成長需要挫折

　　成長，是需要挫折的。看到這句話，或許有人會說，成長需要挫折嗎？難道快樂不好嗎？我要說，快樂固然好，可挫折更重要。

　　挫折使成長更有意義。中國古代有這樣一則成語，「鑿壁借光」，說的是匡衡小時候家中窮困，於是在牆壁上鑿了一個洞，「借」鄰居家光的事。設想，如果沒有匡衡那困苦不堪的家庭給他帶來的挫折，他也不會在挫折中成長成一名詩人。愛迪生小時候，因在火車上的實驗室不慎將火點燃，導致火車發生火災，愛迪生被站長搧了一個耳光，導致右耳失聰，但是，正是右耳失聰的挫折使他奮起，最終成為了赫赫有名的發明家。

　　挫折使成長充滿希望。古人有句話說得好：「冰凍三尺非一日之寒。」挫折是必不可少的。但當你正確的面對它

時，就一定會成功。愛因斯坦小時候，也曾經因為曠課被帶到校長辦公室。校長問他為什麼曠課，愛因斯坦說：「因為我想去做我感興趣的事」。校長十分不滿，讓小愛因斯坦在學校禮堂前站著。後來愛因斯坦回憶這件事時，說：「校長讓我罰站，那對於我來講是困難，是挫折，那天，我戰勝了挫折」。

當然，挫折並不是使每個人都感受到成長的快樂。但是，只要我們能正確地面對挫折，並且懷著一顆勇敢的心，那麼成長的快樂一定不會從你身邊溜走。

挫折，是成長的基石；挫折，是成長的見證。如果把成長比喻成一座山，那麼挫折就是山上的小草、小花，只有這樣，這座山才會變得燦爛，光明。讓我們一起去經歷挫折，感受挫折，勇敢的面對挫折吧！

成長需要挫折（修改稿）

成長，是需要挫折的。看到這句話，或許有人會說，成長需要挫折嗎？難道快樂不好嗎？我要說，快樂固然好，可挫折對於成長更重要。

挫折使成長更有意義。中國古代有這樣一則成語：「鑿壁借光」。說的是匡衡小時候家中窮困，於是在牆壁上鑿了一個洞，「借」鄰居家光的事。設想，如果沒有匡衡那困苦

不堪的家庭給他帶來的挫折，他也不會在挫折中成長成一名有學問的人。愛迪生小時候，因在火車上的實驗室不慎將火點燃，導致火車發生火災，愛迪生被站長搧了一個耳光，導致右耳失聰，但是，正是右耳失聰的挫折使他奮起，最終成爲了赫赫有名的發明家。（後一個材料好，前面一個材料有些「偏題」，不是「挫折」，是「貧困」）。

　　挫折使成長充滿希望。古人有句話說得好：「冰凍三尺非一日之寒。」（前後這兩個句子銜接不上）挫折是必不可少的。但當你正確地面對它時，就一定會成功。愛因斯坦小時候，也曾經因爲曠課被帶到校長辦公室。校長問他爲什麼曠課，愛因斯坦說：「因爲我想去做我感興趣的事」。校長十分不滿，讓小愛因斯坦在學校禮堂前站著。後來愛因斯坦回憶這件事時，說：「校長讓我罰站，那對於我來講是困難，是挫折，那天，我戰勝了挫折」。（又忘記對應段首的「充滿希望」了）

　　當然，挫折並不是使每個人都感受到成長的快樂。但是，只要我們能正確地面對挫折，並且懷著一顆勇敢的心，那麼成長的快樂一定不會從你身邊溜走。（這個段落寫得太簡單）

　　挫折，是成長的基石；挫折，是成長的見證。如果把成長比喻成一座山，那麼挫折就是山上的小草、小花，只有這樣，這座山才會變得燦爛，光明。讓我們一起去經歷挫折、感受挫折、勇敢的面對挫折吧！

　　緊扣主題是選材過程中所必須遵循的法則。主題是文章的靈魂，所有材料都得以它爲中心進行烘托和說明，與主題無關的東西就應該捨棄或替換掉。有的同學爲了「湊數」，就把與主題稍有關聯的事都寫上。這樣寫成的作文散亂無章，根本不能夠滿足表達中心思想的需要。

　　在議論文中，爲了增強論證的力度，常常需要對論點進行多角度、多側面、多層次地加以論證，因此，必須熟練地掌握多種論證方法，常見的論證方法有例證法、詮釋法和反證法、歸謬法等。

★★★★★★
常見症狀 *6*

語句不流暢，論述不充分，無法完整、準
確地表達自己的想法。

病文

磨刀不誤砍柴工

　　以前，我並不真正懂得「磨刀」的重要。就拿做幾何題
來說吧，我一拿到題目，就像魚碰到水一樣，什麼也不顧，
一頭扎進去，手忙腳亂地做了起來。結果往往事與願違，遇
到難題就常常「擱淺」。最後還得請爸爸幫忙。這樣做題既
達不到做題的目的又浪費了時間。

　　後來，我發現老師在證明這些題目時，總是會用到書上
的定理和公式。老師不是多次講過「磨刀不誤砍柴工」這個
道理嗎？先「磨刀」再「砍柴」，就是指先掌握好書上的知
識，然後動手做題目。我現在開始重視「磨刀」這一環節
了。

　　上次，我又遇到了幾道幾何題。我根據以前的教訓，先
看了相關的定理，又看了一些例題。在掌握了定理之後，再
開始做題目。由於這次事先掌握了相關的定理，所以做起題

重症區

目來相對容易了許多。沒有花太多的時間就把這幾道幾何題順利地做完了。我嘗到了「磨刀」的甜頭。

這次實踐使我懂得了「磨刀不誤砍柴工」這個道理。從表面上看，「磨刀」占用了一定「砍柴」的時間，影響了砍柴的效率。其實不然，把刀磨鋒利了，砍柴的效率自然也就高了。鈍的刀子即使能砍斷細枝嫩莖，那麼，遇到堅硬的木頭怎麼辦呢？學習也是如此，如果沒把書上的知識徹底掌握，就急於求成，做到難題時怎能不「擱淺」呢？要提高學習效率，就要先「磨刀」，做到知識的融會貫通。到了做題的時候，即使遇到難題也能迎「刃」而解了。

「磨刀不誤砍柴工」這句話告訴我們：事前做好準備，雖然會占用一些時間，但是可以提高辦事效率。

◈◈◈◈◈◈◈◈◈◈◈◈◈◈◈◈◈◈◈◈◈◈◈◈

磨刀不誤砍柴工（修改稿）

以前，我並不懂得「磨刀」的真正意義。就拿做幾何題來說吧，每次一拿到題目，就像魚碰到水一樣，什麼也不顧，一頭栽進去，手忙腳亂地做了起來。結果往往事與願違，遇到難題就常常「擱淺」。最後還得請爸爸幫忙解題。這種做題的態度既達不到學習的目的，又浪費了許多時間。

後來，我發現老師在證明這些題目時，總會用到書上的定理和公式。我記得老師多次講過「磨刀不誤砍柴工」的道

理——先「磨刀」再「砍柴」，效率會更好。如同讀書解題一樣，應該先掌握好書上的知識，然後再動手做題目。於是，我現在開始重視「磨刀」這一步驟了。

那天，我又遇到了幾道幾何題。我記取以前的教訓，先看了相關的定理，又看了一些例題。在掌握了定理之後，再開始做題目。由於這次事先掌握了相關的定理，所以做起題目來相對容易許多。沒有多久時間，我就把這幾道幾何題順利地做完了。由於事先熟悉定理，我嘗到了「磨刀」的甜頭。

這次的親身體驗，使我懂得「磨刀不誤砍柴工」的道理。從表面上看，「磨刀」佔用了許多「砍柴」的時間，影響了砍柴的效率。其實不然，磨刀的過程，使刀變鋒利了，反而可以提高砍柴的效率。鈍的刀子即使能砍斷細枝嫩莖，但是，遇到堅硬的木頭怎麼辦呢？我想只能望之興嘆了！我們在讀書、學習時也是如此，如果沒把書上的知識徹底掌握，就急於求成，等到遇上難題時往往就容易「擱淺」了。所以，要提高學習效率，就要先「磨刀」，把相關的知識徹底融會貫通。到了做題的時候，即使遇到難題也能迎「刃」而解了。

「磨刀不誤砍柴工」眞是一句至理名言。這句話告訴我們：凡事做好事前準備，雖然會佔用一些時間，卻可以提高辦事效率。

預防！

　　遣詞造句務必準確、規範，語言表達務必連貫、嚴謹。這就是寫作時最應遵循的「法則」。作文講究「文從字順」，說的是處處應符合語法、邏輯、修辭等因素的要求，不能隨心所欲，任意表現。要學好語言，一是要反覆地咀嚼名家名篇中的精華語言，對於置換自己的語言，豐富自己的語言，積累自己的語言會有很大的幫助；二要多練習，常運用，在生活中不斷地揣摩、感受。

對話太多，語意囉嗦，沖淡了主題思想。

「心」的禮物

　　我坐在桌子前，百無聊賴的看著日曆。當看到今天的日子的時候，心中一驚，啊，今天居然是……我走到窗戶邊上，朝外望著。最近是非典時期，大街上一下清靜了許多，就是有那麼兩三個人，也都戴著白色的口罩，還恨不得把整個臉都蒙住。我看著耀眼的太陽，心裡猶豫了半天，最後還是走出了家門。我沒有戴口罩。在我下了樓後，街上的人立刻把目光投向了我，那目光像是在看一個怪物，並且，在方圓一尺左右我的四周立刻就沒人了。這樣也好，我們互相離遠點兒，免得那個會「飛」的「點」（典）」飛到我的身上。

　　站在SOGO的門前，我終於猶豫不決地進去了。從一樓賣化妝品的地方開始逛，我目瞪口呆的看著那些奇怪的瓶瓶罐罐和那些陌生的名字，硬著頭皮向售貨員阿姨要了一瓶「名牌香水」。售貨員阿姨帶著奇怪的目光看著我，把香水遞

給了我。我聞了聞那味兒，熏死我了！這時聽見另一個售貨員阿姨說到：「呵，這麼小的孩子就開始趕潮流了。」「可不是嗎，哎，現在這孩子……」我聽得面紅耳赤，心裡大叫委屈。我以最快的速度買下香水，轉身「逃」出了百貨公司，但又覺得還少點什麼，終於想到自己再做一個東西吧。

回到家後，我想了想，拿了一張A4的白紙，想了半天，最後決定寫一首詩。我開始在那上面一筆一劃地寫著。寫好後，覺得只有文字太單調，又畫了幾籃水果，塗上了彩顏色，加上幾句俏皮話。嗯，一張精美絕倫的賀卡做好了！對了，我還把它做成了立體的呢！這可費了我不少腦筋。

正做的時候，媽媽進來了，「你在做什麼哪？」媽媽問。

我大吃一驚，想藏已經來不及了：「我……我沒做什麼。」我支支吾吾的回答。

「是不是又在寫什麼貝克漢的東西呀？」媽媽懷疑的問。

「沒有，沒有。」我連忙回答道。

媽媽疑惑地走了，我這才鬆了一口氣，繼續「完工」。

晚上，在我們看電視時，我把那瓶香水和賀卡遞給了媽媽，媽媽滿臉疑惑的接過去。賀卡上端端正正地寫著幾個大字——「祝媽媽母親節快樂！」媽媽打開了賀卡，感動地看著詩，看了好久好久，但目光只在那瓶香水上停留了一下，媽媽對我說：「媽媽喜歡你的這瓶香水，但更喜歡的是這張『心』的賀卡！」我詫異的看著媽媽，驚訝平時那個似乎對語言「一竅不通」的媽媽今天居然能說出這麼有韻味的話！

媽媽把我緊緊的抱住，我感到這是我最快樂的一天。

「心」的禮物 (修改稿)

我坐在桌子前，百無聊賴的看著日曆。當看到今天的日子的時候，心中一驚，啊，今天居然是……我走到窗戶邊上，朝外望著。最近是非典時期，大街上一下清靜了許多，就是有那麼兩三個人，也都戴著白色的口罩，還恨不得把整個臉都蒙住。我看著耀眼的太陽，心裡猶豫了半天，最後還是走出了家門。我沒有戴口罩。在我下了樓後，街上的人立刻把目光投向了我，那目光像是在看一個怪物，並且，在我的四周方圓一尺左右立刻就沒人了。這樣也好，我們互相離遠點兒，免得那個會「飛」的「點」（典）」飛到我的身上。

站在SOGO的門前，我先猶豫了一下，最後終於堅決地進去了。從一樓賣化妝品的地方開始逛，我目瞪口呆的看著那些奇怪的瓶瓶罐罐和那些陌生的名字，硬著頭皮向售貨員阿姨要了一瓶「名牌香水」。售貨員阿姨帶著奇怪的目光看著我，把香水遞給了我。我聞了聞那味兒，熏死我了！這時聽見另一個售貨員阿姨說到：「呵，這麼小的孩子就開始趕潮流了。」「可不是嗎，哎，現在這孩子……」我聽得面紅耳赤，心裡大叫委屈。我以最快的速度買下香水，轉身「逃」出了百貨公司，但又覺得還少點什麼，終於想到自己要做一

個東西。

　　回到家後，我想了想，拿了一張A4的白紙，想了半天，最後決定寫一首詩。我開始在那上面一筆一劃地寫著。寫好後，覺得光有文字太單調，又畫了幾籃水果，塗上了彩顏色，加上幾句俏皮話。嗯，一張精美絕倫的賀卡做好了！對了，我還把它做成了立體的呢！這可費了我不少腦筋。

　　晚上，在我們看電視時，我把那瓶香水和賀卡遞給了媽媽，媽媽滿臉疑惑地接過去。賀卡上端端正正地寫著幾個大字——「祝媽媽母親節快樂！」媽媽打開了賀卡，感動地看著詩，看了好久好久。當目光在那瓶香水上停留了一下後，媽媽對我說：「媽媽喜歡你的這瓶香水，但更喜歡的是這張『心』的賀卡！」我詫異地看著媽媽，驚訝平時那個似乎對語言「一竅不通」的媽媽今天居然能說出這麼有韻味的話！

　　媽媽把我緊緊的抱住，我感到這是我最快樂的一天。

　　要使作品的語言簡潔甚至凝煉，平常作文時就要注意不能急功近利，要有真情實感，這樣寫出來的文章語言必然會簡練而有氣勢。其次，要多讀一些名作，從中汲取語言營養。最根本的一點是，在寫作中要惜墨如金，認真提煉最精關的詞語。具體地說，就是要做到文中不說與中心無關的話，不過分形容和比喻，不用浮詞贅語等。

★★★★★★
常見症狀 8

題目與內容結合不緊密，離題。

我與古詩文

　　說到古詩文，我想不管是誰，從小一定聽過從奶奶或媽媽嘴中「吐嚕」出來的「怪文」，因為那時我只會跟著說，並不知道什麼是古詩文，更不要提古詩文的好處。

　　小學三年級，這些「怪文」又一次出現在我的生活裡。看著書上的古文，又看看書下的注解，嘴裡念叨著陰陽怪氣的我不懂的句子，想著背誦古文的任務，我感到一陣陣的無聊向我襲來……那時候，我只要聽到「古文」兩個字，就兩眼發黑，腦袋都大了。

　　隨著年級的增長，我慢慢發現古詩文不再那麼無聊，而變得有滋有味，並且還蘊涵著很深的道理在其中。我愈發感到，古人是非常聰明的！他們能用很少的字濃縮很多的意思，他們通過文字的形式，告訴我們如何寫作，如何陶冶個人的情操，以致對提高人的修養和知曉如何做人都有幫助。

重症區

蘇軾的《記承天寺夜遊》中的「何夜無月，何處無竹柏，但少閑人如吾兩人耳。」其表面意思是：哪一夜沒有月亮，哪兒沒有竹子和松樹，但是只缺少清閑的像我們一樣的人；而其深意是：揭露當時奸臣當道，有才之士不能施展抱負，但還堅持追求理想。在這個句子中，詩人把月亮比作光明，把竹柏比作有志士的人，可見，這短短的幾個字表達的含義是非常深的。

國家是一個人生存的地方，我想每個人都愛自己的國家，希望自己的國家是蒸蒸日上的。王安石對自己國家的未來充滿激情，他希望通過變法來改變國家衰敗的局勢，但最終失敗了。《登飛來峰》是變法失敗時寫的，其中「不畏浮雲遮望眼，只緣身在最高層」是作者對國家的前途表示悲哀的同時也表達王安石看到了奸臣當道，卻依然對國家前途充滿希望。國家的強盛與富強是王安石最大的心願，古人既如此，現代人呢？國家的強盛是靠我們的，如果國家是一座房子，我們是木材的話，長得又粗又高是我們的任務，因為國家需要我們。我愛我的國家，那你呢？

我與古詩文有很深的「友誼」，願它能與同學們成為好朋友。

文章表現了小作者一定的寫作基礎，如果再加入一些最基本的思維方法，文章還會有更大的改觀。但是需要注意：文題與文章內容的關係十分重要，寫《我與古詩文》，如果

不單純複述古詩文，文章給人的感覺會更好。

我與古詩文（修改稿）

　　說到古詩文，我想不管是誰，從小一定聽過奶奶或媽媽嘴中「吐嚕」出來的「怪文」。因為那時我只會跟著說，並不知道什麼是古詩文，更不要提古詩文的好處。

　　小學三年級，這些「怪文」又一次出現在我的生活裡。看著書上的古文，又看著書下的注解，嘴裡念叨著陰陽怪氣的我不懂的句子，想著背誦古文的任務，我感到一陣陣的無聊向我襲來……那時候，我只要聽到「古文」兩個字，就兩眼發黑，一個頭兩個大了。

　　隨著年級的增長，我慢慢發現古詩文不再那麼無聊，反而覺得有滋有味，並且還知道古詩文中蘊涵著很深的道理。我愈發佩服古人的聰明。他們寫文章往往能夠言簡意賅，透過文字的形式，告訴我們如何寫作、如何陶冶個人的情操、如何提高人的修養，使我們知曉做人處事的道理。例如在蘇軾的《記承天寺夜遊》中，他說：「何夜無月，何處無竹柏，但少閑人如吾兩人耳。」其表面的意思是：哪一夜沒有月亮，哪兒沒有竹子和松樹，但是只缺少清閑的像我們一樣的人；而其深意是：揭露當時奸臣當道，有才之士不能施展抱負，但還堅持追求理想。在這個句子中，詩人把月亮比作光明，把竹柏比作有志之士，可見，這短短的幾個字表達的含義非常地深刻。

又如王安石的《登飛來峰》寫到：「不爲浮雲遮望眼，只緣身在最高層」是作者對國家的前途表示悲哀，同時也表達王安石看到了奸臣當道，卻依然對國家前途充滿希望。國家是一個人心靈與生命寄託的地方，我想每個人都愛自己的國家，希望自己國家的前途蒸蒸日上。王安石對國家的未來充滿激情，他希望通過變法來改變國家衰敗的局勢，但最終失敗了。這首詩是他變法失敗時寫的，表達了他對國家富強的最大心願。

我與古詩文有很深的「友誼」，從它身上我體會了古人的生活智慧，也學到了古人愛社會國家的熱情，更重要的是，古詩文中所展現的高潔的生命情操，更令我嚮往。但願它也能與同學們成爲好朋友。

寫作文，審題是頭等重要的事情。一般來說，一則作文題目，本身已經限定了選材的範圍，或者揭示了應採用的文體。拿到題目時，必須首先看清題目中隱含的或明示的這些要求，明確題旨，把握題型，然後再動筆。只有這樣，寫出的文章才能符合要求。有些同學把握不住題目，下筆千言，離題萬里，雖洋洋灑灑，卻文不對題。造成這種現象，好多都是因爲動筆前不認眞審題的緣故。

所謂審題，就是在動筆前，認眞揣摩作文的命題，包括作文的具體題目和命題中的其他附加文字，從而明確題目的要求，把握住寫作重點、文章中心、取材範圍以及文體要

求。審題的一般技巧有：

巧審題眼。題眼，即題目的眼睛，也就是作文題目中的關鍵詞語，即那些對中心詞進行陳述或起修飾限制作用的詞語。這些詞語往往能夠揭示文章的內容、中心、重點或表明感情色彩。因此，作文時，抓住了這些關鍵詞語，就等於認定了題目的內容範圍，也就等於抓住了文章的寫作重點。

巧解比喻義、象徵義。如果題目是一個既有具體含義又有抽象意義的詞語，如《橋》、《燈》、《路》、《路標》、《翠竹》等，那麼，我們在審題時，就不能只停留在對詞語具體意義的理解上，而應重點探究詞語的抽象意義，即比喻義、象徵義，這樣才能提高文章的層次和質量。

★★★★★★★
常見症狀 9

　　題材不新，理由不充分，陳詞濫調，無法打動讀者，以致達不到寫作的目的。

病文

我的弟弟

　　光看外表，你就可以看出我的弟弟是一個老實人；如果再與他交往一段時間，你還可以發現他有無私奉獻精神。

　　那次向災區捐款，同學們捐的錢都沒到兩位數，就連班長也是使勁咬了咬牙，才拿出了10元錢。而當老師叫到弟弟的時候，他則迫不及待的衝上前去，把早已攥在手裡的100元扔進了捐款箱。同學們一看，驚訝得連話都說不出來了。老師見了也目瞪口呆，一次次地拿錢對著陽光看，好像擔心這是假幣！從那以後，每次捐款老師都把弟弟安排在最後一位。

　　對待災區人民如此，對待同學更是如此。同學們向他借東西，他毫不猶豫，而且還從不管別人要。組長讓他擔任值日，他每次都做兩個人的活兒，弄得組長不好意思。

　　按理說，弟弟的這種作法是不錯的，然而作為哥哥，我

還是怕他到了高中受欺負。因此，我打算給他一個教訓。

那天是星期五，剛回到家，就看見弟弟又在欣賞那枝被他視爲寶貝的鋼筆——叔叔送給他的「派克」鋼筆。機會終於來啦！我慢慢的走過去：「能借我這枝鋼筆用用嗎？」「沒問題！」果然不出我所料，弟弟非常爽快的把鋼筆給了我。這回我一定要好好教訓教訓你！一天過去了，我沒有把鋼筆還給弟弟，他也像平常一樣，根本沒提筆的事。這麼貴重的東西，他絕對不會不在乎！兩天過去了，鋼筆依然躺在我的鉛筆盒裡。這時，我終於發現弟弟有點兒著急了，總是直接或間接的跟我談起鋼筆的問題。你如果不跟我要，我就不還你！晚上，弟弟終於走進了我的房間：「哥哥，你能把鋼筆還給我嗎……」太好了！弟弟總算可以跟別人要東西了。就是，過分的無私奉獻也是不對的，這樣，別人就會利用你。我剛要給弟弟作總結，他的一句話又讓我傻了眼。「明天語文考試，李牧要用我的鋼筆答題！」

問題：

　1. 選捐款，而且捐得那樣多，給人的感覺是選材不新。

　2. 想教育弟弟的理由，還需要充分，否則會讓人覺得說服力不強。

　3. 個別的句子不能「太極端」（比如：老師見了也目瞪口呆，一次次的拿錢對著陽光看，好像擔心這是假幣！）

我的弟弟（修改稿）

我的弟弟是一個厚道而且富有愛心的人，這既令我感到驕傲又讓我有些擔心。

那次放學後向災區捐款，大家全沒有離開教室，紛紛走到抱著捐款箱的老師跟前。向災區捐款，是所有人的義務！同學們投到捐款箱的大多是三、五塊。班長咬咬牙，從口袋拿出的是10元。弟弟每月的零用錢本來不多，當時又剛買了一套最新版的防毒軟體，囊中羞澀！可是他卻把自己要吃飯的50元投進了箱子！同學們，驚訝得連話都說不出來了。老師見了也是驚得目瞪口呆，之後，每次捐款都把弟弟安排在最後一位。

捐款如此，對待同學更是沒有兩樣。班裡的左鄰右舍向他借磁片、借參考書、借文具，他毫不猶豫，從無二話，而且還從不主動要別人歸還，組長讓他做值日，他每次都做兩個人的活兒，弄得組長總是有愧似的漲紅著臉，不好意思。

按理說，弟弟的這種做法沒錯，然而作為哥哥，我還是怕他到了社會上受欺負。

弟弟有一個寶貝，是他的派克鋼筆。弟弟從小愛筆，這支派克高貴典雅，而且價格極為昂貴，是叔叔去國外時給他買回的生日禮物。時常見他偷偷擦拭那筆，動作又輕又柔，像大人小心翼翼侍弄自己的心肝寶貝！

那天是星期五，剛回到家，就看見弟弟又在欣賞他的

「派克」。機會終於來啦！「能借我這枝鋼筆用用嗎？」「沒問題！」果然不出我所料，弟弟非常爽快地把鋼筆給了我。這回我一定要好好教訓教訓你！一天過去了，我始終閉口不談鋼筆的事。他也像沒有這事一樣，好像根本沒有什麼筆的事。這麼貴重的東西，他絕對不會不在乎！兩天過去了，鋼筆依然躺在我的鉛筆盒裡。這時，我終於發現弟弟有點兒坐立不安了，總是直接或間接的跟我談起「派克」這名字的來歷，「派克」與鋼筆的關係……你如果不跟我明確要，我就不還你！晚上，我坐在自己的房間看著「派克」笑，弟弟終於推開了我的房門：「哥哥，能把鋼筆還給我嗎……」太好了！弟弟總算可以跟別人要東西了。就是嘛，要回自己的東西，名正言順！我剛要對弟弟的進步進行總結，他的一句話又讓我傻了眼。「明天語文考試，李牧說上回用我的『派克』回答思考題順手極了，這次還要用我的鋼筆答題！」

啊，我老實、厚道的弟弟！

要使自己的文章寫得不落俗套，高人一等，需注意以下兩點：

1. 立意要新，即觀念要新，就是在構思過程中力求提出新的看法和新的見解，選擇新的材料，要敢於和善於想人之所未想，避免雷同，寫出獨到之處。有個成語叫「推陳出新」，然而怎樣「出新」，怎樣使我們的作文新鮮有生氣？大家應注重在日常生活中細心觀察，留意你周圍的一切，隨時

記錄下來你看到的、想到的事，並不失時機地把它們充實到我們的作文裡，做到這一步，作文材料就補充到了新的營養，文章自然會有一張新鮮的面孔。

2. 要使記敘文富有新意，還要以小見大，表現出時代精神或與時代精神密切相關，要在有限的篇幅之內，寫出鮮明的形象。

★★★★★★
常見症狀 10

語意表達含混，整體意思不清楚，行文不流暢。

病文

我最難忘的一節課

在我的記憶中，有許多最難忘的，有的是令我高興的一件事，有的是令我後悔的一個教訓，還有的是我童年時候的一個玩伴。但這一切都不是我最難忘的，在我記憶裡，最難忘的不是一件事，也不是一個玩伴，而是一節課，一節至今令我記憶猶新的一節音樂課。

回想起來，那還是六個春秋以前的事了。那時，我還是小學一年級。當時，我在六班，不論是主科還是副科，我們的成績班都是一流的。因此，每個老師教學演示，都喜歡用我們班講。這不，音樂老師又找到我們，說要帶我們去市裡講一節課，我們聽了高興得就答應了。

教學演示那天，我們來到一個很大的教室，裡面有很多很多的老師來聽課。我們看了之後嚇了一跳，然後把情緒穩定下來了之後，就覺得沒什麼可怕的了。我們準備了準備，

重症區

就要開始了。

　　剛開始，我們和老師練習了一下發聲。我們是先從「i」、「u」開始練的。同學們練的都很賣力。有的練著練著都滿頭大汗了，有的練得小臉都變成了紅蘋果，還有的練得都喘不過氣來了。然後，我們又練了幾組音階。有高聲部的，也有低聲部的。我們不管唱哪個聲部都唱的音非常準，簡直能和鋼琴一樣。

　　後來我們又學習了新課，學唱《少先隊隊歌》。老師在上面講得有聲有色。一開始，先用粉筆寫出歌譜，然後講述歌的重點部分。他一邊講還一邊把重點部分給畫出來。講完了之後，老師又彈著鋼琴，一步一個腳印的教唱了起來。有的地方，難一些，老師就唱多點，生怕我們不會。有的地方簡單些，老師就唱少點，一帶而過。老師講的不僅好，而且我們合作的也不錯。我們都聽老師的指揮。老師講的時候，我們就埋頭苦記。老師要唱的時候，我們就馬上停下手裡的筆頭，仔細地傾聽其中的精妙。老師要我們唱的時候，我們就以最嘹亮的聲音，來歌唱。

　　就這樣，我們很快就學會了這首歌，並能夠唱好了它。快到下課的時間了，我們要做最後地演唱了。同學們都打起了精神，隨著老師的音樂響起，我們開始演唱了。只聽歌聲在整個教室裡飛舞，在整個教室裡飄蕩。在場的所有老師，都彷彿陶醉在其中。有的老師，閉上了眼睛，細細的品味。有的老師手裡還打著拍子。還有的老師甚至還情不自禁的和我們一起唱了起來。歌聲響了很久才停了下來，隨之而來是一陣如同潮水般的掌聲，也就是這掌聲，證明了我們的成

功，和我們的勝利。

那節課是我最難忘的，因為我們不僅取得了成功，但更重要的是，它讓我們懂得了合作是成功的保證。

◎◎◎◎◎◎◎◎◎◎◎◎◎◎◎◎◎◎◎◎◎

我最難忘的一節課 （修改稿）

在我的記憶中，有許多難忘的，有的令我高興，有的令我後悔，但這一切都不是我最難忘的。在我記憶裡，最難忘的不是一件事，也不是一個玩伴，而是一節課，一節至今令我記憶猶新的一節音樂課。

回想起來，那是六個春秋以前的事了。那時，我還是小學一年級。當時，我在六班，不論是主科還是副科，我們班的成績都是一流的。因此，每個老師教學演示，都喜歡用我們班講。這不，音樂老師又找到我們，說要帶我們去市裡講一節課，我們聽了十分高興。

教學演示那天，我們來到一個很大的教室，裡面有很多很多的老師來聽課。我們看了之後嚇了一跳，不過把情緒穩定下來了之後，也覺得沒什麼可怕的了。剛開始，我們和老師練習了一下發聲。我們是先從「i」、「u」開始練的。同學們練得都很賣力。有的練著練著都滿頭大汗了，有的練得小臉都變成了紅蘋果，還有的練得都喘不過氣來。然後我們又練音階，有高聲部的，也有低聲部的。我們不管唱哪個聲

部都唱得音非常準，簡直能和鋼琴一樣。

　　後來我們又學習了新課，學唱《少先隊隊歌》。老師在上面講得有聲有色。一開始，先用粉筆寫出歌譜，然後講述歌的重點部分。他一邊講還一邊把重點部分給畫出來。講完了之後，老師又彈著鋼琴，一句一句地教起來。有的地方難一些，老師就唱多次，生怕我們不會。有的地方簡單些，老師就唱一次，一帶而過。老師講的不僅好，而且我們合作得也不錯。我們都聽老師的指揮：老師講的時候，我們就埋頭苦記。老師唱的時候，我們就馬上停下手裡的筆頭，仔細地傾聽老師聲音的精妙。老師要我們唱的時候，我們就以最嘹亮的聲音來歌唱。

　　就這樣，我們很快就學會了這首歌，並能夠唱好它。快到下課的時間了，我們要做最後地演唱了。同學們都打起了精神，隨著老師的伴奏響起，我們開始演唱了。歌聲在整個教室裡迴盪，在場的所有老師，都彷彿陶醉在其中。有的老師，閉上眼睛細細地品味，有的老師手裡還打著拍子。還有的老師甚至還情不自禁地和我們一起唱了起來！歌終於唱完了，聲音停了下來，隨之而來是一陣如同潮水般的掌聲，也就是這掌聲，證明了我們的成功，我們的勝利。

　　那節課是我最難忘的，因為我們不僅取得了成功，但更重要的是，它讓我們懂得了合作是成功的保證。

　　要準備地表達自己的思想，必須用恰當的語句，即必須

在遣詞造句上下功夫。語言的優劣好壞，直接關係到文章的成敗得失。一篇好作文，首先要把話說通順，說明白，說準確，能服從文章的要求，符合語言的規律；其次要努力把話說生動，說形象，說精彩。要做到這兩點，除了平時必須加強詞彙的積累和語言基本功的訓練，還應該努力掌握一些表達的技巧，如修辭的運用，各種表現手法的運用等等。

表達還要有針對性，要真實，要寫出自己的真情實感，因為真實才能感人。離開了具體的讀者對象，說一些人云亦云的話，也不是自己真情實感的流露，那麼寫出來的文章，即使形式再「華美」，語言再「漂亮」，其內容也是蒼白無力的。

要加強語言表達的訓練，使用語言應力求做到：

準確。就是把話說得準確無誤，讓人一目了然，要注意辨析同義詞、反義詞，還要區別詞語中感情色彩，是褒還是貶，語意是輕還是重，切忌出現語病和錯別字。

明白。就是文字明白易懂，通俗流暢，不生造詞語，不產生歧義。

簡練。就是在文章中以最簡潔的語言，表達盡可能豐富、充實的內容。

生動。就是語言要有文采，形象、巧妙、動人，這要從事物的色彩、音響、感覺等方面入手。

新鮮。是指要吸收和引進時代氣息濃厚的新的詞彙。

要想迅速提高運用語言的能力，就要從三方面下工夫：向生活學習語言；向書本學習語言；在實踐中提高語言的水平。

重症區

中學生作文診所
分類作文

微差區

❧ 人物畫廊 ❧

自我寫真

我愛讀書

許可

　　我從小就愛讀書，只要一有空就捧起書來讀上幾頁。遇到不認識的字或不明白的地方，還纏著大人問來問去。

　　「小書迷，給我講個故事吧。」媽媽總這樣逗我。

　　爸爸也常常學者似的對我說：「多讀書好！書能讓你懂得許多做人的道理。」

　　①在書的海洋中暢游，讓我感到無限快樂。童話故事中的白雪公主、拇指姑娘時常會闖入我的夢境，和我玩耍、嬉鬧；寓言、典故叢書，讓我懂得不少道理；科學書籍使我增長了許多知識；作文選刊使我的寫作水平不斷提高……

病因①

段落安排不合理。銜接有些突兀。

處方

將其放至倒數第二段「大約有三、四百本吧！」一句的後面。

要說我讀書的歷史，還要追溯到十二年前（再過兩個月就到我十二歲生日了）。你不要笑，聽我講給你聽！媽媽大專學習的最後一年，我悄悄地在她的肚子裡孕育成長。那時候，媽媽的時間安排得緊緊的，一週六天都給學生們上課，帶著學生們讀課文、念生字。週日還要到業餘大學去上課，功課十分緊張。每天晚上她都要讀書到很晚。你知道，不管到哪裡去，媽媽肯定要帶著我。我也就理所當然地跟她一起讀書了。

我的呱呱墜地，給全家人帶來無限的喜悅。爸爸媽媽希望我成長為一個博學多才的人，就經常指著漂亮的②<u>書本</u>講故事給我聽。開始我只是被漂亮的圖畫所吸引，慢慢也就能跟著爸爸媽媽咿呀學語了。才剛十個月，我就能清楚地說出十幾個詞語了。到了一歲半時，我就總是拉著來家做客的叔叔、阿姨給他們讀故事書，我捧著彩圖書能完整地把《白雪公主》的故事講下來，跟書上的文字分毫不差。客人們也總是③<u>對爸爸媽媽誇獎說</u>：「你家的女兒這麼愛讀書，長大了一定是個才女！」直到現在，爸爸媽媽講起我小時候的事，臉上還洋溢著自豪的神情。

上學了，認識了拼音，學會了寫字，讓愛讀書的我更是如魚得水。買書、讀書、收藏

病因②

表達不貼切，既然是「漂亮」的書，就最好不要有只表示泛指的「書本」。

處方

改為「圖書」或「小人書」。

病因③

搭配不當，「對……誇獎」不合語法。

處方

改為「在爸爸媽媽面前誇獎我」。

微差區

書，成了我生活中十分重要的事情。

　　記得一次我的數學考試得了100分，為了獎勵我，媽媽請我到圖書城吃④「麥不勞」。走到了圖書城，我就被大大小小的圖書商店吸引住了。我晃著媽媽的手臂，懇求道：「讓我先去看看書吧！」媽媽看了看錶，才上午十點，就說：「好吧，你就在『希望兒童書店』看書，我去買東西，一會兒來接你。」「太好了！」我三步併做兩步地跑進了書店，開始如飢似渴地讀我喜愛的書。

　　「別看了，都快十二點了，我們該去吃『麥當勞』了！」媽媽的喊聲把我的注意力從書中拉了出來。我才想起今天⑤出行的目的。趕緊買了幾本我挑中的書，戀戀不捨地和滿書架的「書朋友」再見了。

　　「麥當勞」櫃台前已經排起了長隊，光是等座位就用了半個多小時。媽媽點著我的腦門說：「我們真是起個大早，趕了個晚集。」我嘻嘻地笑了，媽媽也笑了，沒有絲毫責怪之意。

　　如今，我臥室裡的兩個書櫃中擺滿了各類書籍，中外名著、文學歷史、科學童話、自然探索……大約有三、四百本吧！老師和家長都鼓勵我多讀書，讀好書。十二年來，書成了我不可缺少的朋友，給我帶來了無限的歡樂，使

病因④

錯別字。有一些約定俗成的外文翻譯一定要注意，比如「肯德基」不可以寫成「肯得基」。

處　方

改為「麥當勞」。

病因⑤

詞語表達欠妥，「出行」意為外出，到外地去，較正式，不符合生活用語。

處　方

改為「出門」。

精　批

把麥當勞受歡迎的程度表現得非常貼切傳神位。

我懂得了許多人生的道理，伴我一天天長大。

我愛讀書，書將是我一生的好朋友。

點評

> 這是一篇多種表達方式融合較好的記敘文，文路清晰，結構完整，語句通順，詳略得當，題目「愛讀書」，直抒胸臆首尾呼應。如果文中再引入一些成語就更好了。

反　思

龔雪妍

在班上，有很多同學都曾對我說過諸如：「龔雪妍，你成績很好喲！」這樣的話。但我真的像他們所說的那樣成績很好嗎？不是的。從某種意義上我可以毫不誇張地講：「其實我成績一點也不好。」有人[①]說我成天這麼說是一種變相的謙虛，實際上我也只是實話實說罷了。

又如這次考試，絕對會有人說我考得非常好。但我並不這麼認為。難道你忘了嗎？英語模擬考年級最高分是117，數學模擬考年級最

病因①

語意不明和後面的一個「說」連用，形成重複，容易產生歧義。

處方

可改為「認為」。

51

病因②

缺少量詞。

處方

改為「113分」和「116」分。

病因③

錯別字，「但」常作連詞或副詞，沒有「忽然有一天，要是有一天」的意思。

處方

改為「一旦」。

病因④

句子雜糅，代詞「我」的濫用使語義上產生了歧義。

處方

把前一個「我」刪去。

高是119！而我呢，擁有的只是英語②113，數學106這樣差強人意的成績，怎麼能說是考好了呢？並且這次我連年級前10都沒進，班中第一又有什麼意思呢？換句話說，就算你真考到了年級第一，你又是最好的嗎？當然不是，你前面還會有成千上萬的人。即便你又僥倖成為了這些人中的第一，又能保證今後不會有人超過你嗎？

人們常說「人應該學會知足。」但我不想。在這個年代知足的心理也許就會毀了你的一切。人必須要不斷向前看，就猶如馬拉松比賽的選手們，他們必須不斷地跑。③一但認為我後面還有很多人比我慢，就有可能真的是最後一個到終點甚至連衝過終點線的機會都沒有。我曾經和同學半開玩笑地說：「我估計我是全班除了任躍進以外最不刻苦的人。」現在想想真的有幾番道理。所以，現在我要發奮了，說句不著邊際的話：「學海無涯我就學到有涯。地平線追不到，我就跑到追上。」雖然這很荒謬，但卻是一個信念。懷著把不可能變為可能的心態，你的目標也許就會實現。還有，最後補充一點，曾經說過要take over④我的同學們我真希望你們能如願以償。來一首激勵自己的即興小詩吧：

那從亙古就存在的遙遠的地平線／我何時

才能擁有你／和你並肩漫步／或許有一天／在你前面／領著你走？

14歲的歡呼

張瑤

　　混混沌沌的都已經快過了14年了，已經是個初二的學生了。從童年邁向青春的步伐，便是14歲時邁出的吧。美好的童年正式遠離我的人生，朝氣蓬勃、壯麗的青春，它來了。

　　青春是什麼？是時刻不斷的笑聲，①還是對美麗那份癡迷的陶醉？青春，是童年夢想中的成熟年代，還是暮年回憶裡無憂的生活？俯視人間精靈，它告訴了我，真正的青春，是一盞盞徹夜不滅的燈，是一次次搔頭的冥思苦想，是面對挫折重新燃起的希望之火。青春的

微差區

病因①
語意含糊，搭配不當。

處方
改為「還是對美麗的那份癡迷」。

53

精批

這一段的排比非常精彩，小作者對語言的自由運用可謂得心應手。14歲對比1歲、2歲……13歲，每一歲都是收穫，每一歲都是成長，青春的心就是應該這樣飛翔。

大廈需要一磚一瓦地來建設，腳踏實地的不懈努力，才是青春的本色！

哦，我明白了。在人生的路上，必然是既有美麗的玫瑰，也有可怕的荊棘；既有溫暖的陽光，也有恐怖的暴風雨，憑著自信，我呼喚雷鳴電閃，迎接暴風雨的洗禮。在暴風雨中，我仍會莊嚴地向世界宣讀這不變的青春！

我14歲了，我青春了！讓我的14歲過的比1歲無憂無慮，比2歲自由，比3歲輕鬆，比4歲熱鬧，比5歲美妙，比6歲幸福，比7歲振奮，比8歲快樂，比9歲自豪，比10歲成功，比11歲輝煌，比12歲收穫，比13歲成熟！

點評

14歲是邁向青春的年齡，小作者用一顆充滿朝氣的心寫出了「青春的本色」，憑著自己聰慧的眼睛，看到了人生路上的玫瑰與荊棘是並存的。結尾特別有新意，用對比的手法，描繪了14年來的感受，用充滿自信的心，寫下了自己的青春宣言！

找到真正的自己

你要懂得，喝采是對你的鼓勵，千萬不要被喝采沖昏了頭腦，要找到真正的自己。

體育課上，跑步後，同學們一個個對你說：「真棒！」他們向你豎起大拇指，那只是對你的鼓勵，並不是你做得比誰都好。真正有實力的同學依然做得很好，她們得不到代表鼓勵的喝采。而你在別人的心中，①很小，突然長大，自然會得到喝采，你還是你，不會因為幾句喝采而就得多麼偉大，要找到真正的自己。

「你要懂得……要找到真正的自己」的句式又一次出現，與開頭形成呼應，使文章顯出層次感，富有節奏美。你要懂得，批評是對你的指正，千萬不要因此而頹唐，要找到真正的自己。

數學作業錯題太多，老師批評了你，一遍遍地提醒你最近學習不夠踏實。那只是對你的指正，不要過於頹唐，重要的是有則改之，無則加勉，你不會因為被批評而變得多麼渺小，要找到真正的自己。

表達不完整，省略太多，易引起誤解。

處方

改為「原來的份量可能很小」。

精批

「你要懂得……要找到真正的自己」的句式又一次出現，與開頭形成呼應，使文章顯出層次感，富有節奏美。

微差區

當你得到喝采時，當你得到批評時，當你感覺最近情緒不對時，拍拍胸脯問一問：「我還是真正的自己嗎？」時刻找到真正的自己。

點評

　　小作者能夠寫出這樣成熟的文章，有些令人吃驚，因為小小年紀就能明白什麼叫「寵辱不驚」，實在難得，文章寫得深入淺出，道理深刻，但有些說教的意味，可是瑕不掩瑜，非常優秀。

我的今年

楊睿

精批

大實話透著深刻，那是因為大腦有了生活的沉澱。

　　混混沌沌，就要度過初中的第二年了，從小就養成了年終寫總結的習慣，每次想起以前被老師逼總結時抓耳撓腮的窘樣，都覺得自己挺傻的。今年沒有老師硬逼，沒受那苦苦思索往事的煎熬，竟讓很多往事湧上心頭。

病因①

前後不照應。

　　前兩天，家裡賣了一台老式的音響，帶放唱片功能的那種。收廢品的人似乎也對這件老古董感到詫異。成交那一刻，①我用力揮揮手，彷彿告別最珍貴的東西一般。我總是忘記

它是一台老式音響，就像窮人家的新衣，幾年了，他勤勤懇懇地發聲，在我心中，任何再好的音響也無法取代他。記得小時候，有一陣特別流行三國，水滸英雄卡，於是大家蜂擁去看名著，一個偶然的機會，②我發現每天7:00—7:30的評書節目。於是，就一直堅持聽下來了，兩年多的情懷是無論如何都割捨不了的，原來信號特不好，人說話都斷斷續續的，當時就挨著腦袋使勁聽，也覺得別有一番趣味。人的適應能力是無限的，這話果然有理。

現在，我發現即使最先進的音響也無法吸引我的注意，昔日好友早已各奔東西，沒了當時與朋友高談歷史的心氣，自然失去了對最高新科技的激情，其實懷念的不是這個老音響，而是童年的一段記憶。

言歸正傳，回顧一年，③總覺得沒什麼，壞事一籮筐。可寫壞事多半心情不好，所以決定不寫壞事。前兩天鄰居沒帶鑰匙，我看天挺冷的，就請他到我家坐會兒。沒曾想到，等老爸回來，鄰居竟對我的行徑大加讚賞，居然熱烈表揚我。我這人臉皮不太薄，可也弄個大紅臉——哎呀，受不了，好像我比誰功勞還大。

馬上學期末了，學習壓力非常大。老爸講了個事讓我感觸很深：這家人丈夫身居要職，妻子患了尿毒症，兒子腎炎剛治好。相較之

處方

刪去。否則就與後文的不捨引起矛盾。

病因②

句子成分不完整，缺乏必要的說明。

處方

改為「我發現了一個電台在每天7:00—7:30播出的評書節目。」

畫龍點睛的議論。

病因③

語意不明，「沒什麼」沒有指出具體內容。

處方

可改為「總覺得沒有什麼可說的」或「總覺得沒有什麼好事」。

微差區

言，我這個健康的家庭真是幸福很多。雖然我爸不身居要職吧。可是，我就覺得吧，平常的生活挺重要，沒趕上大病，家庭不幸，社會動亂……還挺幸福的。生活就是幸福的一種。所以我的那點破事本來就沒什麼。

原來挺喜歡下雪的，因為往人脖子裡塞雪是件讓我激動的事，現在只要一下雪就讓我想起遲到，想起一張被扣分折磨的臉——楊老師的臉。真是「世間本無事，庸人自擾之。」回望一年，才覺得這個庸人自己已當了一年。希望明年會變好吧。

精牡
此處應另起一段。

點評

我在班裡對這個調皮的男孩的評價是：少年才子。他的文章語言出色，別看年紀不大，但說出的盡是高出他年齡的奇言妙語，有道是：語不驚人死不休。他的這篇年終總結不同一般，文學味，哲理味十足，關鍵是具體抓住了三件事來寫，於事之中又對生活重新思考，自然深度增加了。

親人像冊

爸 爸

付瑤

國慶日到了，我們一家三口一如既往地回鄉下看望奶奶。到處洋溢著節日的氣氛，我們本應該高興才對，可是奶奶的病情卻讓我們怎麼也高興不起來。

9年前，奶奶患腦血栓，咀嚼、吞嚥功能受到阻礙，現在只能吃半流食的東西，身體日漸消瘦。奶奶有5個孩子，爸爸排行最小，又住得遠，平時不能常回家看看，都是大姑大爺們照顧，大家圍著奶奶團團轉。只有到過節放假，我們才能回家照顧照顧奶奶。

今天回家，看見奶奶的病情有些嚴重，不像以前那麼精神了。①爸爸除了工作上的麻煩事，奶奶的病就是爸爸最頭疼的事了。如今，奶奶病成這樣，爸爸比誰都心痛。

吃早飯時，爸爸特地為奶奶熬了一碗粥，裡面放有各種蔬菜，希望奶奶多補充補充營養。奶奶大口大口地吃著，食物都堆積在她

精批

先喜後憂，一起一伏，文章一開始就調動了讀者的情緒，顯得起伏跌宕。

病因①

句子囉嗦，語意表達不簡潔。

處方

改為「除了工作上的麻煩事，爸爸最勞心的事就是奶奶的病了」。

微差區

的嘴裡，沒有嚥下去，吃的滿嘴都是，爸爸不停地說：「擦擦嘴，擦擦嘴！」可能奶奶吃得太快，嗆著了，滿嘴的食物都噴了出來。爸爸用手帕幫奶奶擦嘴。爸爸著急地對奶奶說：「您慢點，吃那麼快幹什麼，沒人催您！」我想，爸爸不應該用這種口氣對奶奶說話，但我理解，這也是心急，看著不好受呀！爸爸皺著眉頭，抽著悶煙，煙把爸爸熏得睜不開眼。爸爸沒有吃早飯，②他說：「我吃不下！」

第二天早上，不見爸爸的身影。一大早，爸爸會去哪呢？原來爸爸找了一位按摩師。爸爸對奶奶說：「我給您找了一位按摩師回來，讓他給您做做腳底按摩。人家說足療能幫助血液循環，對身體有好處，您試試看怎麼樣，如果好下次還請！就100元，不貴！」說著爸爸從口袋掏出100元遞給按摩師。我很納悶：就100元，這麼便宜？

事後，我問爸爸真是100元嗎？其實是300元，爸爸怕奶奶嫌貴，先給了200元，然後當著奶奶的面給了100元。爸爸真是用心良苦呀！

從爸爸身上我看到了一個「孝」字。我想「子不嫌母醜」這句千古傳誦的佳話在爸爸身上得以真正體現了。

俗話說：「前人栽樹，後人乘涼；前人開

精批

此處描寫有不當：一只碗裡如何放下「各種蔬菜」？前文提到奶奶已病得「咀嚼、吞嚥」都很困難，這時怎能「大口大口地吃」？這些問題提醒我們作文寫作中描寫要注意把握分寸。

病因②

表述不充分，沒有寫出來爸爸此時的神態表情。

處方

改為「只是煩躁地」。

精批

誰說久病床前無孝子，「爸爸」的言行不就體現了一種「孝」的美德嗎？

井，後人飲水。」老人們過去是年輕人，他們創造了財富，支撐了家庭，使我們生存下來，幸福成長。我想爸爸這麼做是飲水思源，不忘本源的表現。

我也應該向爸爸學習，孝敬辛辛苦苦養育我的父母，這是我義不容辭的義務！

點評

看到了小作者筆下的「爸爸」，我不禁想起了《散步》中的「爸爸」，兩個不同的「爸爸」有著相同的美德：敬老，孝老。這是每一個做子女的責任，小作者在「爸爸」的身教下，也明白了孝敬父母是「我義不容辭的義務！」這樣的家庭教育是我們現今許多家長不能具備的。父母是孩子一生的老師，您的點滴行為在直接影響著孩子的培養。這也是小作者此文要表現的一個主題。

微差區

我的父親

任遠方

精批

開門見山，定下寫文的兩個範圍。

精批

概括兩件事，此處為略寫，那下文就該有一件詳寫，才可見文章的波瀾，如將此段改為「背影」式的近鏡頭刻畫，此文就會脫掉流水帳式的束縛。

病因①

語序不當，「通常」一語是形容「自己」後面的行為，不應和「放學」放在一起。

我的父親是個大學教授，他不僅愛這個家庭，也愛他的學生。

作為父親，他事事為我操心。每天早上，他早早地起床，到了6:40便叫我起床。快7:00的時候，他就在樓下等著我。直到我也下了樓，他就開車送我上學。到學校後，他總會問我：「錢和鑰匙都帶齊了沒有？」雖然只是很簡單的一句話，卻包含了無限的關心。類似的還有重大考試前的「好好考試，祝你成功。」每次聽到這種話，心情都會愉快很多。

由於每天放學時間不同，①所以我通常放學後都是自己坐公共汽車回家。但有一次突然下了大雨，剛好在學校有事做到很晚，我又沒帶傘，只好無奈地拉緊衣領快步走出校門。這時，我猛然看到傾盆大雨中，父親舉著傘，站在汽車旁等著我。我頓時愣住了，幾乎掉下淚來。他見到我，立刻朝我揮了揮手。我很快又掛起笑容，踏著水窪跑到父親身旁，然後告訴他今天學校裡發生了什麼有趣的事。從學校到

家的時間裡，車裡充滿了歡聲笑語。

父親喜歡抽煙。但他盡量不讓我和媽媽「吸二手煙」。父親其實沒有明確說過要戒煙，但從他的各方面行動，我能看到他為了家而付出的無聲的戒煙的決心與努力。

父親為家所做出的一切數不勝數，同時他作為一個教師，對待他的學生也如對待他自己的孩子一樣。有時「端午節」或「中秋節」放假，父親就帶上我和母親及他的學生一起出去玩。他有的學生取得了什麼成果，比如論文發表時，父親就會請學生們出去吃飯。父親與學生們很合得來，關係非常融洽。

一個對家庭全心全意的父親，一個對工作兢兢業業的老師，與我、與母親、與學生都能打成一片，這就是我十分尊敬的人——我的父親。

處　方

把「通常」放在「都是」前面。

精　批

體現出父「愛」的寬廣與博大，體現出父親在生活和工作中的品行如一。

精　批

總結句，呼應開頭，很好。

點評

　　文章以「總括—分敘—總括」結構展開，主要突出父親對家人，對學生的愛，全文取材尚稱適切，但敘述過於雜細，如果有側重點的話，就會更好。

微差區

回憶我的爺爺

陳晉

秋風把樹上最後一片黃葉吹走了。天，灰沉沉的，似乎要下雨了，石榴樹彎下腰，試圖傾聽那曾聽過的聲音，風依然吹著，而爺爺，卻隨秋風走了……爺爺，他去了很遙遠的地方，再也回不來了——但我相信爺爺會永遠活在我心中。

精批

開頭寫景，奠定了全文的悲涼基調。

記得小時候，春天天氣特別暖和，當屋前那四五株迎春花剛長出花苞的時候，爺爺就帶著我到戶外走走。看著天上飄著的朵朵白雲，我曾幼稚地問爺爺，天上的白雲為什麼像他頭上的銀髮，爺爺聽了，呵呵直笑。到了晚上，爺爺就教我畫星星、月亮，教我寫自己的名字。寫得好，還有獎呢？雖然僅是幾顆牛奶糖，①但足以使我高興得不得了，大概是爺爺獎給我的緣故吧！

病因①

語意不明，「獎給我的緣故」有歧義。

處方

把「獎給」改為「獎勵。」

令人欣喜的秋天隨之而來了。初秋，院後那棵高大的櫻桃樹上結滿了熟透了的櫻桃，像一個個小燈籠掛在樹上，藏在葉間。早在櫻桃

精批

語言富有文采。

還是又小又青的時候，我就已經惦記上了。可是在這又細又高的樹下，我顯得那麼矮小，我只好去找爺爺。爺爺聽了我的乞求後，點著我的鼻子說：「小饞貓，好！爺爺這就給你去摘。」他帶上了晾衣服用的長叉，便跟我來到後院，他抬起頭，瞇著眼，舉起長叉，將長叉叉口兩邊緊緊扣住一條小枝，擰著叉柄，一絞，再一絞，哈！一大枝紅得灼眼的櫻桃從樹上掉了下來，我歡呼雀躍著，並不是為爺爺的聰明而歡呼，而是為可以吃到櫻桃而高興歡呼。我向那一大枝櫻桃跑去，迫不及待地撿了起來，摘下一顆又大又紅的，略加擦拭，就放進了嘴裡，咀嚼著細細的肉質，品嚐著它的美味。而爺爺就在一旁笑瞇瞇地看著我，連臉上的皺紋，這時也笑著來湊熱鬧了。

精批
對祖孫倆的語言、動作、肖像的描寫，符合人物的身份，生動感人。

嚴冬來臨時，爺爺不知怎的，吃不下去東西，後來我才知道是得了病，起初爺爺得的是慢性胃炎，後來發展成胃癌，不能吃東西，只能打葡萄糖，最後，連葡萄糖也打不了了。這樣熬了兩個月，爺爺撒下我，去了……

下葬那天，白雪紛飛，爺爺穿一身黑色的衣服躺在棺材裡。他的臉不再有以往陪我玩，給我講故事時的那些表情，很平靜、安祥地躺在那裡。我緊緊握著他的手，但那雙為我摘櫻

微差區

精批
令讀者為之動容。

桃的手如今已經僵硬，我的淚哭乾了。那天天空是慘白的，大地是蒼白的，天地間一片白色，而惟有這片黑色，在我心中留下了永遠也忘不了的記憶。

好幾個年頭過去了，可是無論是現在還是將來，我都絕不會忘記爺爺對我的愛。

點評

　　這是一篇動人的文章，開頭秋景的描寫，透露出作者的匠心。爺爺對孫子的愛通過小作者的筆也浸潤了我們的心。

　　作者並沒有大段大段地抒發自己對爺爺的思念，而是把這一切都融入了具體的敘事、描寫中。我們看到的是爺爺為孫子摘櫻桃，體味到的是爺爺對孫子的無限柔情、深情。你看，爺爺的眼神、動作、語言，孫子的感覺、心情，都在簡潔的描繪中具體、生動地表現了出來。

我的奶奶

許希曦

　　上小學時，我十分馬虎，上課聽講不認真，老是記不住，記得有一次……

　　那天，在勞作課上，老師讓我們第二天帶兩個酒瓶蓋，可是下午我竟然忘記了，晚上我求奶奶幫忙，奶奶知道後說：「①那現在在家裡找吧，你去做功課，我來幫你找。」於是奶奶慢慢在家裡的角落找，奶奶老了，腰不好，彎著腰找東西不方便，於是，奶奶就坐在地上找，冬天的地面，冷得像冰塊一樣，坐在地上難受極了，找了半天，奶奶找不到，對我說：「找不著，明天給你帶別的好不好？」我聽了不高興，心裡想一定是不想找吧！於是我對奶奶說：「您再找找吧！明天要用，不能帶別的，不然明天老師會罵我的！」奶奶聽了生氣地對我說：「找不著就是找不著，你這個孩子真是的！」②我一聽覺得很委屈，奶奶吵了起來，奶奶生氣極了，回到自己的屋子裡。我自己委屈得哭了，哭著哭著，就睡著了。③模模糊糊地感覺到有雙粗糙的大手摸摸了我的頭，

病因①

表述不簡潔，語句囉嗦。

處方

改為「那就在家裡找吧。」

病因②

句意模糊，由於前後句之間缺少必要的銜接，顯得語意不連貫。

處方

「奶奶」前加「就跟」二字。

微差區

病因③

前後主語不一致。

處方

在「嘆了一口氣」前補充「又聽到。」

嘆了一口氣，接著就是大門關上的聲音和腳步聲。

第二天早晨，我欣喜地發現兩個閃閃發光的酒瓶蓋。「這下問題解決了！」於是高高興興地上學去了。

直到有一天爺爺無意中說漏了嘴，我才知道了事情的真相，原來那大晚上奶奶是冒著大雪，在商店周圍找了兩小時才找到的那兩個蓋子。回來時，腰痛得睡不著，吃了止痛藥才睡得。我聽了以後心裡十分不是滋味，只有一個念頭，一定要好好感謝奶奶，讓她永遠高高興興的。

我小的時候，一直是和爺爺奶奶住。奶奶對我的愛是難以用語言表達的，也不是在這裡能全部寫出來的。她是一個平凡的奶奶，但給了我最不平凡的回憶。

點評

這是一篇寫人記事的習作。

由於小作者的馬虎導致有腰痛病的奶奶在漆黑的夜裡，冒著大雪下樓為孫女找尋兩個酒瓶蓋兒，讚揚了奶奶對孫女的無私的愛。

這篇文章的特色有兩處：

1.語言描寫符合人物身分。

比如「……不能帶別的，不然明天老師會罵我的！」寫出了孫女的不懂事。「找不著就找不著，你這個孩子真是的！」寫出了老人的無奈。

2.細節描寫、側面描寫的運用使文章添色不少。

(1)細節描寫：在文章第二段的結尾處：「模模糊糊……腳步聲。」

(2)側面描寫：爺爺的敘述。

這些細節充分體現了奶奶的慈愛。

微差區

師生之間

教師節

付瑤

今天是教師節。學校裡到處洋溢著節日的氣氛。校門口掛著橫批，上面用金黃色的紙貼著：教師節快樂！校園裡到處插著彩旗。同學們送給老師的鮮花早已①把老師辦公桌占據。

胥老師是一位和藹可親的老教師，她教我們英語。可能是因為胥老師脾氣好，可能是因為她年紀大，可能是因為其他原因，每次她的英語課紀律都很差。她總是趕不上教學進度。②有時都把她氣得發抖。今天是教師節，我們想借著這個喜慶的日子裡向胥老師表示我們深深的歉意。

英語課的鈴聲響了，胥老師帶著她那像奶奶般慈愛的微笑走進了教室。「全體起立」，隨著班長樊孟琪響亮的喊聲，全班同學齊刷刷地站起來，異口同聲地喊道：「祝胥老師教師節快樂！」胥老師嚇了一跳。這是我們給胥老師的第一個驚喜。隨後，由李乾、劉溪純兩位

病因①

用詞不當，「占據」指用強力取得或保持，此處不合語境。

處方

改為「占滿了老師的辦公桌。」

病因②

句式不當，與前面主語不一致。

處方

改為「有時被氣得身子發抖。」

同學向老師獻花，沏茶。這兩名同學平時在英語課上十分活躍、淘氣，常令胥老師哭笑不得。所以這個任務就落在了他們的身上。胥老師很是感動。這是第二個驚喜。③<u>最後一個驚喜，也是最大一個驚喜。</u>我們為胥老師寫了一封信，信中都是我們心裡話，心裡寫道：「您是那麼的和藹可親，真像我們的奶奶……請您原諒我們的年少無知，請您原諒我們的年少輕狂……請您相信我們，我們不會讓您失望的！」眼淚已從胥老師的臉頰悄悄流下，胥老師摘下眼鏡，擦乾眼淚，激動地說：「我相信你們！我相信你們！」

老師在講台上耕耘著他的一生，把他一生的落腳點駐紮在講台上。我們用「春蠶到死絲方盡，蠟炬成灰淚始乾」來形容老師，這是最貼切的了。老師這樣辛勤工作，換來的是我們的學習成績直線上升。我想說：「老師，您們辛苦了！」您們用淵博的學識引導我們暢游學海；您們用寬厚的胸懷包容了我們的年少魯莽；您們用堅定的臂膀守護著我們揚帆遠航。

您們在傳授知識的同時，是重要的是教會了我們如何做人。您們把誠實守信④<u>一些做人</u>的根本灌輸進我們的頭腦，讓我們成為真正的國家的棟樑。這是金錢都買不來的。這就夠了，我們還苛求什麼呢？

病因③

缺少成分，與下文沒有銜接。

處　方

在句末補充「是———」

精批

排比句式的連用增強了表達氣勢，感情抒發得奔放而熱烈。

微志區

病因④

語意不明。

處　方

改為「這些做人的根本道理」。

在教師節的今天，同學們都在用不同的方式獻上對老師的愛。一束鮮花、一張賀卡、一句溫馨的話語。我想這並不是老師最想要的。老師最希望我們能有所作為。我知道，我們的進步是老師最大的快樂，為了讓老師永遠綻放欣慰的笑容，我們會努力學習，以優異的學習成績向老師獻禮。

衷心祝願天下所有老師：教師節快樂！

點評

　　無論多麼調皮、淘氣的學生，在教師節這天都是規矩的，為什麼呢？因為學生們不願在老師的節日裡給老師添加煩惱，小作者筆下的劉溪純、李乾二位淘氣包不是挺可愛的嗎？一節課送給老師三個驚喜，這是怎樣的一種幸福啊！真心愛老師，真情寫文章。

KAWAYI老師

王晨瑩

　　KAWAYI是個日文單詞，意為「可愛的」，是時下少男少女非常喜歡的形容詞之一。但用這個詞來修飾「老師」①這個神聖的

職業，我們也是經過「深思熟慮」的。到底是哪位老師讓學生覺得如此可愛呢？她就是最最可愛的地理老師——李老師。

　　還記得初一第一學期的第一節地理課。還沒有上課，就看到一位身材不高、②頭髮短短的卻緊貼在腦門上的女老師在黑板上寫下5個以 W 開頭的英文單詞：WHO, WHERE, WHAT, WHEN, WHY。我們非常不解，難道這節改上英語課了嗎？還在思索中，上課鈴聲響了，我們急忙停止了議論，等待著老師開口。她說的第一句話是：「同學們，歡迎你們進入中學的校門，我是你們的地理老師。我教地理，也姓李，但不是地理的理。」說著她轉身在黑板上寫下「地理，李」三個字。同學們笑起來，接著，她指著黑板上寫好的五個單詞，說：「這五個單詞是我給大家提出的五個學習地理的必要方法……」我們驚奇地發現，這個老師有一個與眾不同的可愛之處——那就是她說話時總是笑，口型很大，露出兩個深深的酒窩，特別可愛。因而，這節課給了我很深的印象，她的5W學習方法也為我學習地理打下了根基，我們也給了她一個新稱呼——KAWAYI老師。

　　每一節地理課都是快樂的。每當地理課代表古明站在門口喊道：「KAWAYI老師來了！」

病因①

囉嗦。因為作者本意要修飾的不是職業而是「老師」這個稱謂。

處　方

刪去。

病因②

表達不簡潔，易導致理解錯誤。

處　方

把句中的「的卻」改為「地」。

微差區

我們便會高高興興地拿出地理書，準備上課。課堂氣氛是輕鬆的，她不要求課堂的絕對安靜，只要我們聽得到她的聲音，她就會用她那獨有的KAWAYI發聲方式講那些本來無趣的地理知識。記得一次講世界氣候的時候，說到雨都——乞拉朋齊，KAWAYI老師本來說話就有些「彆扭」，這四個字便怎麼也讀不好，有的同學笑起來，她不但沒有生氣，反而笑笑說：「李老師舌頭有點問題啊，來，這位同學讀一下這段話。」就這樣，她用她的坦誠化解了一個尷尬的局面。

這就是我們的KAWAYI老師，一個個子不高，相貌也不出眾，但卻值得尊敬的好老師。

精批

自然的議論深化了文章主旨。

點評

　　此文語言乾淨俐落，抓住了地理老師風趣可愛的特點。寫人，要突出人物的個性，「世界上沒有完全相同的兩片樹葉」，更何況人呢？這就要求同學們一定用慧眼觀察周圍的一切！生活處處有語文。

唐老師，我永遠愛您

付瑤

「唐老師要回家了，以後可能永遠也①教不了你們了！」主任的話一落，我的心隨之咯噔一下，無法接受這個事實。心情一落千丈，彷彿馬上要失去一個親人一樣。

難道，②在這講台再也看不到唐老師的身影了嗎？難道再也聽不到那洪亮有力的講課聲了嗎？我真捨不得唐老師走，我癡癡地望著講台，與唐老師相處的美好時光一幕幕地在我腦中重現……

一天，唐老師把我叫到辦公室，說有事對我說，好像神神秘秘的。來到辦公室，第一眼看到的是唐老師親切的笑容。唐老師遞給我一張紙——「朗誦比賽通知」。「您是要我參加比賽嗎？」唐老師堅定地點了點頭。我有些害怕，連忙擺手，膽怯地辯解：「我不行的！我不行的！」「什麼都別說了，你一定要參加。趕快回去準備吧！抽空我會教你。要是得第一名，還能加分呢！」我沒有自信地離開了辦公室。

病因①

易產生歧義，「教不了」放此處讓人感到他是「不能勝任」。

處方

改為「不能教」。

病因②

缺字。

處方

在句末加上一個「上」。

微差區

③幾天的網上搜索，終於找到了適合自己的詩，題目是《我想飛》。我來找唐老師，我們來到走廊。「給我朗誦一遍吧！」我有點不好意思，沒有放開讀，唐老師一邊聽著一邊思索著。我讀完後，她逐字逐句給我指導，我認真地聽著。太陽要落山了，昏暗的餘光照在我和唐老師身上，讓人感到那濃濃的師生情。「不要害怕，要充滿自信，朗讀時要全身心地投入到詩中，體會作者的思想感情。祝你取得好成績！」老師的話使我充滿了勇氣。「我不會讓您失望的！」老師用目光送我遠去，我和老師在內心交流。

比賽時，我一直記著唐老師對我說的話。那時，人彷彿已經融入到詩中，彷彿我就是一隻籠中鳥，想要掙脫籠子，去④飛翔屬於我自己的世界。聽一聽，風的呼喚，河的笑語；看一看，天有多高，海有多深。我讀出了內心的渴望。

比賽結束後，我一直等待著成績。課間，唐老師氣喘吁吁地跑到班裡，把我叫出來。「告訴你一個好消息，你的朗誦比賽得了第三名！」「真的！」我激動得難以置信。「可惜第一名才加分呢！」但我依然很高興。「明年也要繼續加油吧！」

唐老師就是這樣，總是給別人以鼓勵。唐

老師用她的語言讓同學們感受到了語文的巨大魅力……

　　我以⑤百米的速度，向唐老師的辦公室跑去，希望能見唐老師最後一面。一進辦公室，我抑制不住自己的心情，和唐老師抱在一起，⑥看然淚下。「唐老師，我真捨不得您走！」唐老師幫我擦乾眼淚：「別哭了，我還會回來的！你們要繼續努力學習，將來考個好高中、好大學，就是對唐老師最大的回報！」

　　我永遠不會忘記唐老師對我說的話，我會更加努力學好語文，以優異的學習成績回報唐老師對我的愛。

　　唐老師，我永遠愛您！

病因⑤
未能準確地表達出自己的意思。

處方
改為「百米衝刺的速度。」

病因⑥
錯別字。

處方
改為「潸」。

微差區

點評

　　唐老師因「回家」無法再給「我們」上課了，小作者以樸實的語言表達出了對唐老師那份依依眷戀之情，讀後讓人頗受感動。小作者以插敍的形式著重記敍了「我」在唐老師的關心、指導下，參加朗誦比賽並獲獎。雖然不是第一，不會加分了，「但我依然很高興。」平實無華的筆墨卻體現了小作者與唐老師之間那份濃濃的師生情。寫文章貴在情真意切，這也是此文章最大的閃光點。

對與錯

胡旭婧

開頭語言就顯得深刻，引人思考。

人世間很多事本來就不是絕對的，所謂「正確」的，或許也是錯的——

我從小就講原則，做事絕對注意道德，好壞對錯分明，直到有一天，我才發現——

那天我在學校等車，因為還早，就在學校閒逛，看見班主任段老師在打網球，就不由自主地停下來看，老師看見我，知道我不回家的原因，就把球拍和球給我，讓我打一會兒再還給她。

我不會打，開始總是接不住，球滿場滾，我滿場追，好不容易接住一個，又被我，唉，竟打到司令台頂上。

病因①

表意不明。「見不到」給人的感覺是「球滾下來了」，但由於你站的位置不對所以沒看到，而實際上，作者表達的則是球落到司令台上下不來了。

我在操場①見不到球滾下來，就心急如焚，怎麼辦，怎麼辦？這是段老師的，我弄丟了，全完了。可我仍不甘心，跑到樓上去看，眼前的景象讓我傻了：司令台是凹進去的。球上去了能下來才怪呢！

處方

改為「不見球滾下來」。

束手無策的我只好讓同學代我將球拍還給段老師，自己上了班車，唉，怎麼這麼不小

心，這是老師的球啊！我思前想後決定從家裡拿一個球或買一個賠給段老師。

我剛到家就接到段老師的電話，老師安慰我不要擔心，不要因為一個球影響心情、影響考試，還說她家有一袋子球呢。

看來老師了解了我的心事，怕我又為一件小事糾纏不清，我心裡的石頭算是落地了，可我還是決定買一個球還給段老師，丟了別人的東西，要賠償，借了別人的東西要償還，這是原則問題，我怎麼能違背著原則做事？

第二天②當我將球給老師，老師說了一句：「你這孩子就是事多，我不都跟你說沒事了嗎。你再這樣我生氣了。」這話弄得我六神無主起來，「我知道您不缺球，可是——」我突然說不下去了。

為了不讓我不高興，老師收下了球，可我離開時，卻沒有那往常的如釋重負的灑脫，或許，我又錯了？

我忽然明白，原則，老師比我們更清楚，我們也有無數時間講原則，可有時，更重要的是接受別人的善良和好意。

我沒有那麼做。可是我堅持自己的原則到底錯在哪兒？或許這件事本來就沒有標準的解決方法，兩種做法既是對的，也是錯的。

答案有很多，就看你把哪個看得更重要。

微差區

點評

　　學生不小心丟了老師的東西，怎麼辦？這篇文章通過矛盾的心理活動過程揭示出兩顆美好的心靈，一個是心清如水的學生，一個是善解人意的老師。其實，每個人都有自己做人的原則，但老師倒是希望小作者再灑脫些，不必矛盾重重，糾纏不清心裡的事，否則老師會為如此可愛、執著的學生心疼不已。

芸芸眾生

陽光永遠不會被遺忘

陳樂

　　我永遠也無法忘記那個陽光下堅毅的身影，也許，只有雪中的梅花才更美麗。

　　雲，一遍遍從藍得透亮的天空中飄過，彷彿在演繹一段平凡又驚心動魄的故事。

　　我心急火燎地往家趕，想看上期待已久的一個電視劇的精彩大結局，一邊奔著一邊抱怨，為什麼自己只有一雙腿，而不長出一對會飛的翅膀呢？

　　當我來到院門口，正慶幸即將與可愛的電視機見面時，一個震駭人心的身影闖入我的視線。從此，再也無法從腦海中揮去。一個年過六旬的老人，雙臂吃力地夾著一對拐杖，艱難地支撐著沉重的身軀，一步步緩緩地向前移動著。不難看出，這個老人應該是下身癱瘓。似乎每前進一步對於他來說都是一個自我極限的挑戰。汗水伴著沉重的喘息從他蒼老的面頰上滑下，但他的眼睛卻是那般晶瑩而透亮，迸射

精批

文題有深意，新穎。

精批

這三段似乎都在為下文人物的出現作鋪墊，但一段足矣。如果都要就顯得入題太慢。

精批

能抓住老人的動作及細微的神態加以刻畫。

微差區

出一種只有血氣方剛的少年眼中才蘊含的光芒。這位年邁的戰士，正使出一種驚天動地勇氣與病魔進行一場殊死較量。陽光，從他彎曲的身上流淌下來……

他為何不坐在窗前平靜地接受這個現實？他為何不靜靜地坐在輪椅上度過餘生。或許，當他初醒時一縷陽光射入眼中，他仍對溫暖有一絲眷戀；或許，當他沒落時太陽在天際遠遠地告訴他不要忘記擁有陽光的燦爛與溫馨；或許，他的雙眼，他的肌膚，他靈魂的深處都急切地渴望著感受溫暖與燦爛。

那一刻，帶給我心靈的不只是震撼。我似乎覺得上帝賜予我雙腿已過於奢侈。這位老人用行動譜寫出一曲生命的贊歌，他的一舉一動告訴我：陽光，永遠不會被遺忘。

點評

　　文章能抓住老人的動作及細微的神態加以刻畫，是此文取材上的優點。此語的議論在此顯得突出，「急切地渴望著……」這才是熱愛生命的點睛之筆，他是陽光的寫照，也是人物陽光的化身。

變　了

付瑤

早晨的天氣是那麼的晴朗，萬里無雲。中午就變得灰濛濛的，天空像披上了輕紗，模糊①的看不清。終於，雨穿破雲層，下起來了。

馬路都被雨水覆蓋，行人淌著泥濘的積水艱難地走著。有些人沒有帶傘，已經淋成落湯雞了。有的人以百米衝刺的速度向目的地跑去。到處濕漉漉的，好不自在。

②原來的我們肯定也被淋濕了，可是現在我們家有車了，不用在外面被雨淋了。我坐在車裡，感到十分幸福，真同情那些沒有車的人。

車開到車站附近，站牌前排滿了等車的學生。③我尋尋覓覓看有沒有我原來的小學同班同學。在人群中，我看到了她——湯蘭君個子長高了，頭髮長長的了，還是那麼嬌巧可愛。出於對朋友的關心，爸爸和我決定把她送回家。我心裡暗暗竊喜：這下我可以和湯蘭君好好敍敍舊情了。可是事情並不是我想像的那樣……

病因①

錯別字，「的」後面一般是名詞，而「得」後面一般是動詞或形容詞。

處方

改為「得」。

病因②

表意不明。

處方

改為「要是以前的話，我們肯定也會被淋濕的。」

微差區

83

病因③

語意重複，「尋尋覓覓」本身就有看的意思，而後面還有一個「看」字。

處 方

改爲「我在人群之中尋覓著，看有沒有我小學同班同學。」

湯蘭君坐上車，我衝她笑了笑，她勉強地也向我笑了笑。我們沉默了幾秒鐘，我問她：「好久不見，功課還好嗎？」她好像不喜歡我問的問題似的，只說了聲：「還行吧！」我心裡有點不是滋味，我安慰自己：剛見面，還有點陌生。湯蘭君還是沒主動說話，我接著又問：「你們是不是開運動會了？」湯蘭君好像被審問似的回答道：「開了！」「你參加什麼項目了？」「什麼也沒參加。」這種像審問似的聊天我不習慣。我想不出還有什麼能勾起她的話題，我坐在後面沒有吭聲。爸爸幫我打破了僵局。爸爸問湯蘭君：「你們學校有很多原來一個班的同學嗎？」「有，我、鄭妍、白金程、王博……大概有六七個吧！」我想這可能是她在一路上說的字最多的一句話了。我坐在後面，望著車窗外的景色想：湯蘭君不會這麼文靜吧！怎麼一上中學就變成這個樣子了呢？快到她家了吧，我實在受不了④<u>這種滋味</u>。

病因④

表述不具體。

處 方

改爲「這種陌生而尷尬的滋味。」

湯蘭君的家到了，她說了聲再見下車就走了。車門「砰」的一聲關上了，我的心也隨著「砰」的一聲碎了。我好失落，好傷心。原來親密無間的好朋友怎會變得像陌生人似的。

驀地，我回憶起湯蘭君在小學時與我一起度過的美好時光。我們在一起演節目，一起玩耍，一起組建假日小隊，一起爲班級出謀劃

策，一起表演節目。我們之間無話不說。可是今天怎麼會變得一句話也不多說呢？

⑤畢業時，她還對我說：「上中學，我們一定要保持聯繫，願我們的友誼地久天長！我現在很擔心，我們的友誼會一直到永遠嗎？

人總是在變嘛！湯蘭君還會變回來嗎？我們還會像原來嗎？但願吧……

點評

　　小作者心細如髮，十分敏感，從小學同學的不太熱情的交談中感覺到了微妙的變化，一如早晨的天氣，說變就變，讓人難以捉摸，文章開頭的景物描寫起了很好的烘托作用，只是有時在遣詞造句上欠妥。

微差區

美麗的誤會

屈芳辰

「也許我們相遇是個美麗的誤會……」每當聽到①這首鄭秀文的《美麗的誤會》，我都會想起他，那個好朋友！

我和他是同桌，②同時也是班裡成績最好的同學與競爭對手。雖然我們挨得很近，但卻很少說話，因為誰都不服誰！

功課越來越緊張，競爭越來越激烈，不懂的問題也就越來越多了。於是，我們開始了交流，內容也從討論問題到閒聊，聊理想與將來，還有即將來臨的③升初中考試。

可是聊天也會「聊」出謠言。在我們體檢時，我和他分到一組，在我們等待體驗時，我卻沒有和他站在一組，我去找好朋友瑩聊天。我們離得很遠，一個在屋子這頭，一個卻在那頭，中間隔著一隊又一隊的人。在我不經意的轉頭間，我發現他在注視我，不，應該是緊盯著我。那眼神④充滿了情感，有高興，有惋惜，有恐懼也有希望。那種眼神令我不安。瑩伏在我耳邊說：「聽說他很喜歡你呦！」喜

歡？都什麼時候了，還想這種事，再過一段時間就該畢業了！在奮鬥時不應心有雜念。於是，我也看他，我狠狠地瞪著他，眼神裡充滿了不明的憤恨。終於，他把眼神移到了別處，不再盯著我了。

病因④

指代不明。

處方

改為「充滿了複雜的情感」。

　　從那次「眼神交戰」後，我再也沒有像從前那樣與他討論難題，而他也似乎總是躲著我，我也提防著他。有時甚至因為覺得他不專心學習而看不起他。總之那時那種惶惶的感覺弄得我心煩意亂。我決定找機會去告訴他不要這樣了。

　　夏日的陽光雖然毒，但清晨還是讓陽光少了一分熱情，多了一份冷靜。我早早地來到了教室，他也到了，大大的教室只有我們兩個人，我意識到機會來了。「喬飛，我一直有件事想告訴你，我……」「我也有一件事要和你說」，他打斷了我的話，但卻像阻止某些事情發生一樣。「我……我……我知道你很喜歡我，但我一直把你當好朋友看，有時候覺得你像我妹妹，當我知道你喜歡我時，我很驚訝，為了功課，也為了前程，我們還是做好朋友吧！」⑤他的臉紅紅，頭沉沉地低下去，可我覺得很可笑。我一邊樂一邊說：「我開始還以為……以為……唉！好吧！我們還是好朋友！」

微恙區

病因⑤

缺少助詞，句子成分不完整。

處方

在句末加上「的」。

　　我眞的覺得很可笑，原來我們之間一直存在著一個誤會，一個美麗的誤會，我相信，這段往事會在我們兩個的內心深處埋藏……

點評 ✏️

　　文章有一個很美的題目，意味深長。

　　這是一篇以寫事爲主的記敘文，其六要素交代得清楚、完整。

　　作者還調動了語言、動作、心理描寫等各種手法塑造人物形象，文中時時閃現出作者創作時的靈氣。

　　同時從內容來看，是涉及到感情的文章，作爲一個初中二年級的學生能夠把兩個主人翁之間純純的感覺描繪得如此質樸是難能可貴的。

身邊的故事

童年樂章

童　年

鄭艷芸

①我們這個家庭生活很幸福寧靜的。但就像再平靜的湖面也會出現波浪一樣，糾紛和摩擦有時也來敲我家的門。

嗯！「罪魁禍首」就是那台電視機。當時，我還很小，家裡也不富裕，只有一台29吋的彩色電視機。電視機每天演的卡通，彷彿就是我的命根子，可是，有一天，我們家發生一場「電視機」爭奪戰。

看，「大戰」的序幕拉開了。星期六吃完飯，我照常坐在電視機旁看卡通，當我看得起勁兒時，爸爸卻把台換了，看的居然是足球。我央求著爸爸說：「親愛的爸爸呀，你就再讓我看十分鐘吧！」我一見軟的不行，那就來硬的，我突然站了起來，對爸爸高聲地抗議到：

病因①

句子雜糅。表述不簡潔，容易讓人誤解。

處方

可改爲「我家的生活」。

微差區

89

精　批

此處敘述不具
體，可在「我一
見軟的不行」前
加上「爸爸沒理
我」，這樣顯得
順理成章。

病因②

語句不通順，讓
人費解。

處　方

改為「爸爸板起
了臉」。

「你怎麼搶人家的電視看呢？總得有先來後到
吧！」頓時，②爸爸急起了臉，眉毛一豎，眼
睛一瞪，嚇得我只得乖乖地不說話了。

　　這時，媽媽從廚房走了出來，看見這樣情
景，馬上過來處理我和爸爸之間的摩擦。媽媽
對我說：「你別太任性了」。她又對爸爸說：
「你讓著她一下，她還小嘛！」說完爸爸放下
遙控器生氣地走了，我也再無心看電視了。

　　第二天，我放學回家，出乎我意料，家裡
居然多了一個34吋的彩色電視機，媽媽對我
說，這樣，你們父女倆，就不會因它吵架了。
哈哈！這下再也不會有「戰爭」了。

　　這就是我的童年趣事。

點評

　　文章寫的是家庭裡發生的一件平常小事，小時候的
任性，現在回想起來，在不好意思之餘，讓人更多的是
感到童年的有趣和家庭的溫馨。全文用語尚稱流暢，敘
事的前因後果也掌握得很有條理。

一次痛苦的經驗

趙志昕

　　在我的成長過程中，經歷了不少體驗，有酸的、有甜的、有苦的、有辣的……但是那一次痛苦的體驗最令我難以忘懷。

　　記得小時候，在烈日炎炎的夏天，我很羨慕生病的同學，因為他們既能在家裡休養，不用上學，又能吃到好多好吃的東西。於是，我①絞盡腦汁想方設法地製造生病。我每天都在等待機會的到來。終於有一天，學校的廣播說了這樣一段話：「……同學們一定要多注意身體，千萬不要在猛跑後直接到陰涼地方休息，以免造成發燒。」我②靈動：對了，何不照著這種方法製造生病呢？

　　這天放學後，我準備繞樓跑步。計劃想好了，開始行動。開始跑的時候，底氣十足，非常有信心，③感覺仍信心，感覺跑步是一種享受，我逐漸跑快了，跑到第四圈時，腳步慢了下來。這時，我有點兒受不了，快跑不動了。跑到第七圈時，④已經變邁出慢跑。腿腳像灌了鉛似的，又像綁了沉沉的沙袋，抬腳都很

微恙區

病因①

重複。「絞盡腦汁」和「想方設法」是一個意思。

處方

刪掉其中的一個。

病因②

令人費解，語意不明。

處方

改為「靈機一動」。

病因③

多餘。

處方

刪掉。

難，我上氣不接下氣，豆大的汗珠從額頭上滾下來，臉漲得通紅，時而肚子兩邊伴隨著劇烈疼痛，我來不及休息，趕緊上樓，拿出我家的電風扇，插上插頭，按下開關，電風扇「呼」地旋轉起來。「啊，好涼快！」吹了將近半個小時，於是我把電風扇收了起來。

到了夜裡，我翻來覆去睡不著，慢慢地發覺身體滾燙滾燙的，我覺得不大對勁兒，就叫起了媽媽，媽媽伸手摸了摸我的頭，「呀，怎麼那麼燙！」媽媽拿著體溫計給我量體溫。結果令她大吃一驚：38.5度。媽媽拿著體溫計，手直顫抖，險些把體溫計摔碎了。⑤媽媽匆匆忙忙讓我換上衣服，下了樓，攔了一輛計程車，將我送進了醫院。來到醫院，媽媽又是掛號，又是買藥，非常著急，眼睛裡充滿焦慮的神色，臉上的皺紋也多了。而我呢？原本以為生病是好事，但是燒的我連眼睛都睜不開了，走路時腳步很沉重，搖搖晃晃的，身體就像在火中燃燒一般熱，真受不了這如同水火煎熬的折磨，接著便打了一夜的點滴。雖然這天沒有上學，但是回家後又要吃那麼苦澀的中藥，老遠都能聞見苦味，每次喝藥都難以下嚥，我只好摀住鼻子一口氣喝下去，有幾次幾乎都要吐出來。

⑥看來生病真是一件令人痛苦的事情，今後，我再也不做這樣的傻事了！

病因④

表意不明，令人費解。

處　方

改為「已經變快跑為慢跑」。

病因⑤

語序不當。

處　方

把「匆匆忙忙」放到「下了樓」之前。

病因⑥

表述不完整。

處　方

在「今後」前添上「製造生病更是一件愚蠢之極的事情。

「製造生病」看似一件愚蠢之極的事，可是在孩子看來，卻是如獲大赦。可以休息，可以不去學校，不做作業，可以得到更多的關心、照顧、安慰……但在獲得這些特權的同時，又有一些痛苦的事情要承受，這就讓作者明白了，「生病是痛苦的，製造生病更是愚蠢的」，在痛苦中明白了一個道理，在痛苦中長大也不失為一件樂事。

童年趣事

馮葉

微差區

　　童年是金色的，是美好的，它既是大人們的憧憬，又是他們的回憶，對於現在依然身處童年的我，①使我擁有更多的是珍惜、回味。

　　還可清晰地想起小時候的我是那麼淘氣，在我們社區可是無人不知無人不曉的「孩子王」。而且頑皮得像一個山大王，玩是孩子們的天性嘛，光學習不玩耍，聰明孩子也變傻的啊！

　　那是正月十五的晚上，天空中掛起一盞盞

病因①

句式雜糅，結構混亂，造成語意模糊。

處方

把「使我」刪去。

93

星燈，襯著夜色真是迷人極了。而且還不時地有煙花直衝向天空，然後綻開、散落，最後消失不見，這夜色真是一幅美麗的畫卷。年少無知的我總是一個勁兒不知倦怠地跟社區裡的小伙伴們傻傻地說：②「不知道如果咱們坐在那個又大又圓的盤子上看煙花是不是也這麼美。」然後比我稍微年長一些的伙伴就一個勁兒咯咯地笑，連忙說：「那叫做月亮不是盤子！」我學著爸爸常對我說的模樣狡辯道：「童言無忌，童言無忌。」

突然，天地之間回響起鞭炮乒乓乓乓的響聲，大家狂喊著：「放鞭炮吧！」我突發奇想，指著院中的積雪說：「咱們把鞭炮放在雪裡吧！」接著我拿起鞭炮揮了揮徵求小伙伴們的意見，他們一下子來了勁兒③一直點頭稱好。我心裡頓時充滿了成就感，心裡得意洋洋的。

我們這些「兒童兵」一本正經地開始幹活了。④將積雪中間挖了一個很大的洞，然後將一個長長的鞭炮放進洞裡，把鞭炮的引線露在外面，準備實施計劃。他們一致認為這項光榮而又艱巨的任務應該由我完成。我就身負重任，躡手躡腳去點燃引線，然後「噌」的一下跑開了，隨後只聽「嗵」的一聲，雪花飛散開來，真是美麗極了。我們拍手稱快，大家玩得

病因②

語意模糊，連詞使用不當造成雙重假設。

處方

把「如果」刪去。

病因③

用詞不當，「一直」在這裡只能理解為：動作始終不間斷，與句意不符。

處方

改為「一致」。

病因④

介詞使用不當。

處方

前面的「將」改為「在」，後面的「把」改為「讓」。

不亦樂乎。

　　現在回想，童年的我真是太淘氣了，這是多麼危險的事情啊！不過還是挺有趣的，這件童年趣事將會永遠珍藏在我的「童年紀念冊」中。

點評

> 　　本文記敘了小作者童年時所做的一件有趣的傻事，惟其傻氣可笑，才更顯出了幼稚天真的童趣。把鞭炮埋在雪地裡來放，是一件極其危險的事，但童言無忌的小作者卻好奇心強、天真、敢幹。
>
> 　　本文敘事清楚，描寫生動，比如「躡手躡腳」「拍手稱快」「『噌』的一下」「『嗵』的一聲」把一個膽大、淘氣的小孩形象活脫脫地展現在讀者面前。

童年趣事

周澄源

　　每個人的童年都是五彩的，我的童年也不例外。現在，每當我回想起童年時，總有一件小而有趣的往事，至今仍記在我心頭，我每次想到這件事時，都忍不住要笑出聲來。

精批
開頭自然流暢。

病因①

語境不協調。

處方

改為「記得我四歲生日的那一天，天氣晴朗」。

病因②

「的、地、得」混用。

處方

改為「地」。

①事情發生在家附近的公園，那天，天氣晴朗，我剛剛過完四歲生日，約了幾個和我年齡差不多的孩子，一起到公園裡玩，突然我們的目光一起聚集在一塊美麗的石頭上。於是跑過去看個究竟。「哇！這是一塊多麼美麗石頭啊。」石頭下半部又紅又亮，透出一種奇異的光澤，上部分是白色的，陽光灑在上面，更顯得神秘。

看到了這塊石頭，我們幾個都想要，可又不能把石頭分成幾份。於是，我眼珠一轉，想出一個辦法，我得意地宣布：「各位，我想了一個辦法，可以每個人都得到這塊石頭。」「什麼辦法？」大家都急著問。「只要我們把這塊石頭種下，過幾個月後不就長出來好幾塊了嗎？」「好主意！」大家異口同聲②的說。我們挖了一個坑，由我小心翼翼的把石頭埋了進去，天天輪流澆水，可是20多天過去了，這個土坑什麼都沒變，一切靜悄悄的，沒有任何東西從土裡鑽出來一天，我們終於耐不住好奇心，把石頭挖出來，一看，石頭不但白色的皮脫落了，而且紅色的部分也殘破了。我們把剩下的皮剝掉，一看，是一塊普通石頭，不知是誰不小心往上蹭了一點油漆，就變成這樣了。

事後，我知道了：石頭等物品是不能種

的。於是第二天，我和小朋友把自己最愛吃的五香花生拿出來，全倒在了坑裡，並每天澆水，因為我們都知道，農作物是可以種的，但不知道……正好，我媽媽出門回來了，看見我們幾個圍在一起嘀嘀咕咕的，不知在幹什麼。便跑過來看。「媽媽千萬不要踩在這上面！」我喊道。「為什麼？」媽媽不解地問。「我們種了花生！」一個小朋友自豪地說：「對！還是五香的！」我理直氣壯地對媽媽喊。媽媽聽後，頓時笑彎了腰。

後來我聽媽媽講了才知道，經過加工的農作物也是不能種的。

這就是我多彩童年中的一件趣事！

點評 🖊

> 　　本文記述了小作者童年時，「種石頭」和「種花生」的趣事。一詳一略，安排得當。小作者以孩子的語言把這些場面描寫得充滿了情報。「小心翼翼」、「一切靜悄悄的」、「對！還是五香的！」孩子的天真可愛顯露無遺，令讀者忍俊不禁。

微差區

童年趣事

黃開宇

　　走過無拘無束的童年，雙手托起朝陽，走向了成熟，而童年那一幕幕美好的回憶，卻時時在腦海中回放。

　　小時候，我特別愛惡作劇，偏偏技術還不高明，結果常常弄得自己吃了虧。印象最深的是那年春天。我和幾個小朋友商量著怎樣「陷害」蕭蕭，機靈古怪的我馬上就想到了好辦法。我從家裡拿了四張一樣的板凳，在其中一張板凳上塗了強力膠，然後由一個「同謀」來控制音樂，我們玩「搶板凳」。原本計劃當蕭蕭走到那張特殊板凳前時停止音樂，這樣他自然就被粘住了。可沒想到一時失誤，「同謀」計算錯誤，結果那張板凳被我搶到了，站也不是，坐也不是，真是讓人哭笑不得。

　　俗話說：「愛美之心，人皆有之。」我當然也不例外啦！那時流行噴髮膠，我看見媽媽噴，也想試一試，可媽媽說小孩子不能噴。我只好作罷，可心裡卻始終不甘心。一次，媽媽帶我去阿姨家玩，她家是修摩托車的，正當我

精批

「機靈古怪」一詞很形象，很符合「我」的個性特點。

精批

可謂「偷雞不著蝕把米」，本想捉弄別人，誰知最後「害」了自己。

無聊時，牆角的一瓶「髮膠」吸引了我的眼球，我興奮地拿起來，使勁搖了搖，猛地往頭上一噴，可出來的不是白色髮膠，而是黑色液體，我在車鏡中看見自己變成了黑人，嚇得哇哇大哭。後來才知道那是噴漆。從那以後，①我老實了一點，但「江山易改，本性難移」啊。

有一年夏天，我們去院子裡摘桑葚，吃過桑葚後，看著滿臉黑糊糊的小朋友們，我突發奇想，奔回家抄了水彩筆，模仿電視裡的京劇演員畫起了大花臉，咿咿呀呀地裝腔作勢。正興高采烈時，父母突然推門而入，不用說，我是被父母罵得大氣不敢出。小朋友們見此一窩蜂似的逃得無影無蹤。唉！童年時一群淘氣的伙伴們。

現在，我已是中學生了，但仍是不時地會想起童年生活的一些瑣事，它們就像海邊的一塊塊鵝卵石，無論記憶的海水怎麼沖洗，也洗不去它的光澤。讓我們將這些往事永存心底，變成美好的回憶。

病因①

語言不簡練。

處方

可改為「我老實了一段時間」。

精批

「抄」比「拿」更有突發性，更體現了動作的迅速和「我」的機靈古怪。

微差區

點評

　　通過三個童年時的有趣畫面，展現在我們眼前的是個聰明活潑、愛搞惡作劇的孩子的形象。在三幅畫面中，作者注意抓住細節展開，使三件趣事具體生動，即把原來的小事，寫得更加細緻，文章自然出色。

往事如歌

春燕

丘麗微

起風了，我抬頭看了看那在空中輕輕搖曳的柳條，看看枝條上那一個個鼓脹的柳芽，笑著想：春天又快到了呢！春天……思緒又不禁飛向了家鄉的那窩燕子。

在我還很小很小的時候，嗯，大概是上小學之前吧，我是跟著外公外婆在鄉下生活的。那個時候，我最喜歡做的事就是在春天的時候，托著下巴眼巴巴地看著自己家的房簷。希望有哪隻燕子可以賞光在我們這裡築個窩。5歲的時候，有兩隻燕子相中了這裡。我真的是開心極了，每天都站在院子裡仰著脖子看那對燕子不辭辛勞地從外面銜來混著草根的泥巴來築巢。從此，我托著下巴等待的內容改變了，換成了等待小燕的出世。

有一天，我正在院子裡幫奶奶餵雞，忽然看到母燕像脫了弦的黑箭一般衝了出去。我嚇了一跳，不是吧，覓食也不用這麼急呀，難道

……為了確認，我急匆匆地找來一架梯子，爬上去一看，嘿！果然不出我所料啊，裡面有兩隻正在假寐的小燕。我小心翼翼地捧出一隻，托在手心裡。它真的很乖巧，伏在我手心裡一動不動，淡灰色的絨毛，細膩無比，小小的黑眼珠半睜半閉地瞇著，嫩黃的小嘴不時咂巴著，像個圓滾滾的小毛球一樣，可愛極了，看的我好想咬它們一口哦！

精批
對春燕的描寫細膩有層次。

算算時間也差不多了，母燕覓食也該回來了，為了不破壞它們家庭團聚（其實是怕母燕啄得我滿頭包）我連忙把小燕送回巢，躲到草叢後面去了。果然，我才躲好，母燕就回來了，只見它把口張得很大，兩隻小燕爭先恐後地把小腦袋伸進媽媽嘴裡去吮取事物。母燕一點一點蠕動著喉管把東西餵給小燕。吃完東西後，兩隻小燕為了跟母燕撒嬌都裝做要睡覺的樣子，向母親溫暖的羽翼下面鑽，母燕也慈愛地用胸前柔軟的羽毛覆蓋住小燕嬌小的身子。現在想想，我那時見過的最溫馨、最幸福的家庭就是這窩燕子了。

精批
觀察仔細，描寫生動形象。

後來我離開鄉下，去了城市，就再也沒有見過那矯健的、天之驕子一般的①倩影。城市裡的鋼筋水泥是不適合燕子築巢的。應該說，城市裡的生活要比鄉下好太多了，可為什麼我總覺得心理空落落的，好像丟失了什麼東西，

病因①
用詞不當，「倩影」只是用來形容女性的，雖說燕子的身形都比較靈巧，但也不能全把它們當作陰柔型的。

處方
改為「身形」

微差區

卻再也找不回來了呢？是爲了那美麗的田園風光？還是爲了那滑翔的身影？亦或者是爲了我那失去的快樂的童年？或許全部都是吧……

點評

　　文章從春入手，回憶了兒時的時光，作者通過春燕來集中表現春天，同時也抓住細節處表現溫馨、幸福這一主題，但結尾陡然轉筆又入現在的春天，點明時光的流逝這一主題。在整體的立意、取材上，可見其純熟用心的巧思。

美麗人生

曾雨晨

精批

排比句的使用，既有力地表達出作者的情感，又顯示出對生活的深刻理解。

　　生活每天都在繼續，我也無時無刻不在感受著它。雖然有喜有憂，有淚有笑，有嘆息也有歡歌，但就是因爲苦和甜的存在，才使生活變得多彩多姿。

　　由於我是住宿生，所以生活老師便成了「代碼」。我們習慣尊稱她爲「老唐」。在我的回憶裡，從剛開始接觸她就一直在找我的碴兒，不過誰讓我有那麼多把柄給她抓呢！

昨天下午，忘了因為什麼事，我竟把一大口牛奶吐在了莊園臉上，真不知我當時在想什麼！莊園好像有點兒生氣，我也很內疚，不過看到她滿臉牛奶像個聖誕老人的樣子，其實也挺逗的！我內疚地說：「莊園，對不起，我錯了，你也①吐我一口吧！」她抓起我手裡的奶就喝了一大口含在嘴裡，我還以為她真要吐我，馬上捂上臉。可她沒有，只是一直用怪怪的眼神盯著我。我以為沒事了剛一轉身，「嘩」地一聲她竟然將牛奶澆了上來。說實話，感覺真的挺不好的。沒想到她這麼陰！真倒霉，老唐偏偏就在這時進來了。莊園的臉已經擦得差不多了，我雖然蹲在地上捂著臉，可還是被她看見了。「你怎麼回事？」老唐邊笑邊問道。「老師她用牛奶洗臉呢！」黃瑛說道。此時宿舍裡一陣歡笑。我從來都沒看見老唐這麼開心的笑過，其實她也挺漂亮的。於是我便覺得用牛奶洗個臉也挺值得的。

　　不知為什麼，似乎就是這一個笑容，讓我開始喜歡老唐了，覺得她特別親切，特別和藹，以往的隔閡與種種不滿就讓它隨風而去吧！

　　其實，向後退一步的時候，就已知道：生活就像掌紋，曲曲折折，非人能算定，但只要你願意，快樂就永遠緊握在你的手中。

病因①
用詞不準確。

處方
可改為「噴」，修改後，更能突出動作之快，不容思考，也表明了自己不是有意而為之。

精批
發自內心的議論增加了文章的深度。

微差區

點評

> 眞是一波三折。
>
> 若別人作爲回擊噴了自己一臉牛奶，此時的你會怎麼想呢？文章高明之處在於小作者不僅以友善、開朗的心態去對待此事，還有「閑心」挖掘曾經不解的老師，一個歡笑頃刻間就消除了心靈上的隔膜，結尾議論增加了文章深度。

撬開珍藏著的記憶

楊小藝

生活，如水，如畫，如棋，如詩，如茶，品味生活，帶給我們交流的空間；展望生活，讓我們不斷揭示希望；回憶生活，喚醒我們無限的深思。

——題記

六個三百六十五天，伴我度過了一段美妙又充滿好奇的時光。

清楚地記得，還柔弱幼稚的我，常常喜歡折下細長的柳樹枝，有意無意地抽打校園小道旁低矮的灌木，我並不清楚自己爲什麼要這樣

做，也許是為了發洩我內心的苦悶，也許只是一種好奇舉動，也許是為了體驗一種「爽」的感覺。總之，這一切都在悄無聲息地伴隨著我。

一個晴朗的天氣，我和同學剛剛上完體育課，走在回教室的路上，我手裡同樣拿著一根柳條，漫不經心地抽打著兩旁綠化帶的植物，一邊與她聊著班中的一些事。到後來，也許是說到了氣頭上，我忽然使勁地用力甩下枝條，卻沒想用力過猛，抽壞了那棵似小草一樣的植物——其中的一縷枝條被我抽掉在了地上。

看著那縷枝條無聲無息地躺在那冰冷的水泥地上，它是那麼的可憐，那麼的不幸。我的心為之一震。我走到跟前，小心翼翼地拾起那條枝葉，用手撫摸著它，對同學說：「這可怎麼辦呢？」同學沒有說話，若有所思地沉默了一會，對我說：「我們拿線和木棍把它綁在植株上，也許它還能活。」

就這樣，我們將它拼接在原來的斷裂處，澆了些水，就沒再管它。但令我們驚喜的是，在幾天之後，它居然活了下來，並且還開了花！這花真美啊！像寒冬中的一枝梅花，傲雪鄙寒！這一刻，我的心也似這花一樣，幸福無比。

但後來，聽朋友說，這是一種奇特的植

微差區

病因①

用詞不當。植物開花，即使它要死了，也不能說不正常，因為這是它這種植物的必然過程。

處方

改為「平常」。

精批

由此引發的感悟，深化了文章主旨。

物，①正常時它不會開花，可一旦開花將預示著它生命的終結，當花凋零的那一瞬間，大地將作為它最後的歸宿……

從那以後，我再也沒有損害過任何一棵植物，即使是那最不起眼的小草。因為我始終告誡自己，我要用實際行動告慰那個早已枯萎的枝條，並且我要用雙手培育和保護更多的綠色生命……

生活即是如此，無數的喜怒哀樂，組成一幅七彩的畫卷，經歷的愛恨情愁，揭示了生命的真諦。面對生活的多彩，我們選擇了人生，所以，做個身心健康的人，珍惜生命，生活才會更加多姿多彩。

點評

保護環境、珍愛生命是一個比較大的話題，但小作者能從小處落筆，用自己曾經所犯的過失來揭示「做個身心健康人，珍惜生命」的主題，但文中對被損植物的復活一段的描寫缺乏真實性，還要多加考慮和修改。

家庭紀事

和爸爸媽媽做飯

詹俊陽

這個週日，我和爸爸媽媽一起做了一頓飯。

記得我上一次做飯還是小學三年級的暑假裡，當時我們家正在裝修，爸爸媽媽很累，我起早為他們做了早餐——只是煮了十幾個餃子。今天，我要好好跟他們學學做菜。

首先，我們做乾燒帶魚。我把從超市裡買回來已經切好段的帶魚洗乾淨，把魚鰭剪了。再把鍋洗乾淨，擦乾。倒一小碗油，開火，把油燒熱到輕微冒煙。接下來可是個危險的工作，往熱鍋裡放魚。我把魚拿起，順著鍋邊溜下，嘶！油花飛濺，我急忙跑到爸爸身後，爸爸不慌不忙地走到鍋邊，拿起筷子，又夾了幾塊魚放入鍋中，蓋上玻璃鍋蓋，鍋中不時能聽到噼啪聲。爸爸對我說：「等帶魚兩面炸黃就可以起鍋了。」過了一會兒，我看差不多了，就掀開鍋蓋，拿起一個盤子，用筷子夾起一塊魚往盤子裡放，這時爸爸說：「先把火關了。」

精批

結尾有些浮於表面，到底收穫了什麼？僅僅是學會做兩道菜是不夠的。通過學做菜，對生活應該有新的認識，對父母的關愛、體貼也要有更深的理解認識。

我立即去關火，不料剛夾出的那塊魚從盤子又掉進油鍋裡，濺了我一身油點。爸爸趕緊過來，將魚夾起，在剩下的熱油裡加入乾辣椒、花椒、蔥、薑、蒜，炒香後加水，再加入醋、醬油，再把魚放進去，煮五分鐘。這樣，一道美味的乾燒帶魚就出鍋了。啊，真香！我的水口已經止不住了，先嘗為快，我直接用手拿了一塊。

我們還做了一道芹菜炒豆絲，這個菜比較清淡。油熱後先用花椒、辣椒熗鍋後放入芹菜，翻炒，再放入切好的豆腐絲，加鹽、雞精、翻炒，就起鍋了。

這兩道菜，帶魚很好吃，味道香濃，鹹淡正好。芹菜豆腐絲，鹽放少了，油放多了，快變成油炸芹菜豆腐絲了。經過爸媽的點評，我似乎又明白了許多，一頓飯做下來，收穫不小呢！

點評 ✏️

　　本文有兩個特點：

　　1. 詳略安排得當。學做乾燒帶魚，敘述描寫詳盡，芹菜炒豆絲，則簡略描寫。

　　2. 敘述學做乾燒帶魚的過程時，運用了語言、動作、心理描寫，真實清晰，令讀者垂涎。

　　只有用心感悟生活、熱愛生活的人，才會寫出有真情實感的文章。

父母對我的愛

梁晨

　　是我長大了麼？①<u>撥開幼稚的迷霧看清了這個世界</u>？他們曾指出近路給我，可我從來不屑一顧，只有傷痕累累或筋疲力盡時，才恍然大悟，那的確是一條近路。如此真心坦白的「指路人」除了我們的父母，還會有誰呢？

　　他們以他們獨特的方式來愛我，而我靜下心來想想，作為子女的我又給過他們多少愛？從我呱呱落地到呀呀學語到上小學再到現在，父母對我的愛從未停止過。

　　記得那是上初一時的事了。因為我的馬虎，把國文課本忘在家裡，還好上帝保佑我，老師上課沒有用到國文課本。下了課我暗自②<u>美滋滋兒的</u>。放了學，忽然宣布晚自習最後十分鐘要來個簡單的國文測驗，全是書上的，一天的好心情頓時跑得無影無蹤，我心裡想：完了，外面天氣這麼惡劣，又這麼冷，家離學校又這麼遠，我是讓老爸來，還是不讓老爸來呢？這個疑問在腦海裡翻騰了很久，最終拿起了電話撥通了家裡的電話號碼，一會兒，媽媽

微恙區

病因①

句子不完整，雖然句末有一問號但表達不出疑問語意。

處　方

在句首加「還是我」。

病因②

表達不當。這裡僥倖的心理，不適用「美滋滋」來表達。

處　方

改為「慶幸」。

病因③

表意不準確。

處方

改為「難道我把語文書丟了？」

病因④

歧義。

處方

「掛了電話」有兩個意思：一是掛斷電話；二是打了個電話。此處應為「掛斷」。

那熟悉的聲音在耳畔響起，我把事兒的來龍去脈告訴了媽媽，媽媽在家裡幫我找了一會兒，說沒有，頓時我心灰意冷，③難不成丟了！我④掛了電話，心情更加鬱悶，怎麼辦？怎麼辦？晚自習時，王老師叫我的名字，我抬頭一看，老爸來了，我走出教室，接過老爸遞給王老師的國文課本，再看老爸那已離去的背影，一種莫名的感覺湧上心頭，忽然在那一瞬間，我感覺到，老爸老了許多……

　　一年多過去了，類似的事有好多，如送照片、送生日蛋糕、送衣服……每一次都讓我深深體會到父母的愛女情深，每次都讓我反省，我給過他們多少愛？

　　愛，是建立在雙方之間的，我們不僅需要愛，也應該學會愛別人，而父母則是最需要我們愛的人。讓我們在接受愛的同時也給予父母一些愛吧！

點評

　　作者用以小見大的方式，敘述描寫了父親為我送課本這樣一件小事。

　　文章抒情細膩，語言流暢，有如丁冬的泉水緩緩流過。字裡行間浸潤出的是幸福，是感激，讓我們感覺到父母永遠是我們生活中一本意蘊豐富、閱讀不盡的書。

　　結尾的感悟很深刻，特別是對於當今的獨生子女來

暖暖的歌

——母親的心，我懂

汪依娜

我十歲之前，家裡有一個奇怪的現象，就是「慈父嚴母」，母親每次都是第一個數落我。有人問我，如果爸媽離婚我會跟誰？我總是回答跟爺爺奶奶，其實心裡很想跟爸爸。總覺得媽媽待我太過嚴厲。

可是，自從我們搬到城市後，亦或是說媽媽覺得我長大了，她卻溫柔起來了，這簡直就是驚天大逆轉。

她跟我開玩笑，她陪我買東西，她與我討論音樂。她喜歡看我吃飯，看我笑，看我哭。她也常常一個人發呆，凝視著鏡子。

有一次爸爸開玩笑地說我長得比媽媽高了，媽媽非要跟我比，她不信那個在她眼中永遠也長不大的女孩居然長得比她還高了。結果證實這是真的。她開始是笑，她說，她的寶貝

精批
開篇吊人胃口。

微差區

精批
一組組整句的運用，使人感到小作者的語言表達的高明。

女兒長大了。她說，時間好像就這樣一跳一跳地，晃啊晃地就過去了。她說，我小的時候還像一隻小松鼠，現在就長成大狗熊了。她說，時光荏苒，日月如梭，這兩個詞真是殘酷啊！她說著說著就說不下去了，然後轉身回房，把門關上了。

我猛然驚覺母親老了，①她喜歡吃稀飯，不喜歡睡覺，她會常常感到累。上回舅媽來看我們，她大吃一驚，她說我媽怎麼顯得這麼老。是啊！媽咪曬黑了，媽咪不化妝了，媽咪每天5點半就得起床，媽咪要輔導我功課，媽咪要幫我洗校服，媽咪要⋯⋯

有一天她突然問我，我長大以後會陪她嗎？我不假思索地說：「當然了，你們很辛苦，上有老下有小，以後我就不要小孩，我要把照顧小孩的時間拿來照顧你們，好不好？」媽媽笑著說：「算了，以後我們也不用你陪，我就和你爸兩個人天天出去爬爬山，散散步，就可以了。」我轉過身去，背對著她說：「這樣才不好呢！」然後回到自己的房間，眼淚忽然就流下來了。我想著，兩個寂寞的老人拄著枴杖，消失在夕陽的餘暉中。眼淚愈發泛濫。

我明白母親在說反話，她的心，我懂。媽媽以前對我嚴厲是恨鐵不成鋼，現在她不要我成為鋼，也無須我成為鋼了。她就是希望我能

病因①
與內容關聯不大。母親老了，與吃稀飯，不喜歡睡覺無多大關係。

處方
刪去。

 精批
一個沒有過高奢望的、明智地走近孩子的母親。

一直陪著她，她不要我受萬人矚目，她不要我幹什麼驚天動地的大事，她只要我能天天讓她看見，只要我快樂，她就高興了，她就心滿意足了。

母親正用流逝歲月為我編織一個美麗的花環，母親用她無限的愛為我吟唱一曲暖暖的歌。

點評

真是一首母親的讚歌。開篇的欲揚先抑更激起讀者閱讀的欲望，中間濃濃的情感令人體會到母愛如海，及「吾家有女」的幸福。文章語言還有一大特點，多處用「她」來指代媽媽，不是不禮貌，而是女兒遠距離地對母親一次次的審視，意味深長；此外，不少地方整句的運用顯現了小作者的獨到匠心。

有家真好

侯爽

家，一個多麼熟悉而又多麼親切的字眼，它充滿溫馨，充滿愛意。我的家，同千千萬萬的家一樣，是飽含情感，有著莫大吸引力的愛

窩。不信，你看——

媽媽的愛

在我們家裡，媽媽是個最有實權的「財政部長」。可曾經一度引起了全家的不滿。冬天快到了，媽媽給爸爸買了件羽絨服，給我買了雙旅遊鞋，惟獨沒有給自己買一件衣物之類的東西。她總說：「不用了，我的還能穿，再說吧。」那天，我們全家開了「家庭大會議」，經過一番唇槍舌戰。媽媽終於決定給自己買一件新毛衣。

爸爸的愛

再平靜的湖水，也有波瀾。我們家也會出現「第三次世界大戰」。一次，電視正在播一部卡通，因而我邊看邊寫作業。媽媽看不慣說：「一心不能二用。」我正看得津津有味，所以就不服氣地頂撞了媽媽幾句。眼看「戰爭」要爆發，爸爸發話了，他先批評了我不該頂撞媽媽。隨後，湊近媽媽身邊和她竊竊私語。過會兒，媽媽和顏悅色地翻了翻我的作業，說：「看一會，然後就好好地寫作業去。」你看，爸爸的愛，威力多大，能把「陰」變「晴」，把「戰爭」的硝煙吹散。

「哈哈……」我們的笑聲被傳得很遠很

遠，這笑聲飽含著喜悅與偉大。啊，家是一支動人的讚歌，我愛我家，有家眞好。

點評

> 　　事件平而不淡，關鍵是作者能把小事寫活，又能體現出眞情，可見藝術源於生活又高於生活。作者善於描寫場面，氛圍營造極佳，語言生動，敍述方式自然眞實，能引起讀者共鳴。

微差區

社會見聞

打　工

王頤姍

平常在家裡，媽媽總是對我說：「在國外，人家的孩子比你還小，就開始打工，自己掙零用錢了。你雖然不用出去打工，但也應該勞動勞動，比如掃地、洗衣服……」幹嘛拐彎抹角呀？不就是讓我做家務嗎！

寒假裡的一天，媽媽下班後高興地說：「姍姍，現在我這裡有一份合同，我翻譯，你用電腦打，咱倆合作，到時候稿費一人一半！」我心想著工作如此簡單，又有稿費，總算找到賺錢的機會嘍！我爽快地答應了。

第一天，媽媽不熟練，沒翻譯出多少。可是到了第三天，我的天哪！她翻譯出來的合同已經有①一本書啦！我拼命打了五個小時才打完。又過了一天，我差點沒給嚇死，又是一本書，比昨天有過之而無不及！不過既然已經答應了，我只好硬著頭皮打。我在一邊打，媽媽在一旁翻譯，到上午10:00左右，媽媽終於翻

譯完了，可我還有好多沒打完。打到22:30，媽媽睡覺去了，只剩下我還在打著。23:00了，我的速度加快，也更熟練了。大約23:30，我的手臂開始發酸，眼睛開始發乾，打著有些不得勁了，24:00，連老爸這個「夜貓子」都去睡了，全家靜悄悄的，只有我一下下敲打鍵盤的聲音。到了凌晨1:00，我的頭腦麻木，兩隻胳膊酸酸的，眼皮也開始打架，兩眼好像抹了膠似的，一眨就要粘在一起了。可是，看著那些還剩下不多的譯稿我又打了起來。家裡黑乎乎的，只有我書桌上的這枱燈泛著微弱的光。現在我才深深知道，睡覺是一件多麼美好的事呀！可是，我還是堅持打完了。回到我的房間，一倒在床上，就立刻睡著了。

過了幾天，媽媽領回4000元稿費，我們每人2000元，古人云：「誰知盤中餐，粒粒皆辛苦。」可我這回是：「吾知紙上字，字字皆辛苦。」我體會到了一個深刻的道理：賺錢不易。

點評

　　文章短小精悍，寫出了小作者的真實感受。
　　全篇以語言勝，點金碎玉般的詞句迸濺而出，又傾囊倒篋兒一般灌注到紙面上，流淌到讀者心裡。

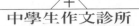
> 結尾活學活用了古詩詞，不僅增加了文章的內涵，也平添了許多情趣。

刺激的週末

高迪思

病因①

表述不當。

處方

可改為「其實我們現在的生活依舊精彩，只是你沒有用心去發現。」

病因②

句意不明。

處方

可改為「我們和初二年級的幾個同學」。

你是不是很懷念兒時的週末，你是不是將它與現在做比較，發現我們的週末生活單調無味？你是不是常常想回到兒時，在週末能夠盡情地玩耍，而不用被一堆功課淹沒？①你是不是有些嫉妒現在的小學生？03年的某一天，我度過了一個快樂週末。

那一天，學校組織部分同學去西柏坡，我們來到了天桂山。聽說天桂山的山底有一個伸手不見五指的黑洞噢！對於喜歡探險的我們來說，如此好的機會怎能錯過！②我們和初二的幾個姐姐加上老師，一起邁進了這個黑洞。此地果然名不虛傳，來到洞門口，我們就有一種不祥的預感，這個洞的旁邊一盞用來照明的燈都沒有，完全是漆黑一片！「啊」「啊」「啊」「啊」，四聲尖叫，不過聽起來，這還真像青蛙合唱！唉！誰叫我們喜歡通過尖叫來表示激動

的心情，無奈啊！

　　前方的路還是需要一步步地走！尖叫沒有什麼用！我們把手一個個拉起來，走在最前面的是現在初三⑷班的陳曉萌，第二個是我，然後是張哲……③有些像大部隊似的，我們一步步走著，邊走邊向後面報告「前方通暢」。越往裡走越黑了！就在此時，有人想打退堂鼓了，但是，少數必須服從多數，無奈之下我們只能繼續前進，洞越來越黑，李老師不知道什麼時候跑到最前面去了！「不行，快看不見了！」前面發來④報告「手腳並用」，有人提議到！「同意！」，畢竟也走了這麼久了嘛，於是我們趴在地上，衣服髒了也不管，一個抓著一個慢慢「爬著」，更可笑的是，李老師本想嚇唬我們，可是被我們發現了，還奉上一句：「別裝了，我們不怕！」

　　這次探險，我們竟然是在歡聲笑語中渡過的，沒有一點驚險，美中不足的是，我們還是被李老師嚇得尖叫了兩次！那分明只是一個用普通的線做成的假蜘蛛網，他居然說會有《魔戒3》中那麼大的蜘蛛出現。這使我們完美的青蛙合唱又進行了一次。⑤嚇我們一次居然不嫌夠，我們坐在一個保麗龍中，他居然說會有蜜蜂，讓我們完美的青蛙合唱又炫了一次！之後呢，因為沒有路可以走了，我們就原路返回

病因③

用語不準確。

處方

可改為「有點紅軍過雪山的陣勢」。

病因④

用詞不當。

處方

可改為「警告」。

處 方

可改爲「李老師居然沒聽夠，途中我們坐在一個保麗龍上休息，竟嚇唬我們說下面有蜜蜂，讓我們的「青蛙合唱」又炫了一次！之後呢，因爲到了洞的盡頭，沒有路可以走了，於是我們便原路返回了！

了！

　　唉！本來是打算拍幾張照片在朋友面前炫耀一下的，可是那洞黑得伸手不見五指！如果有機會的話，就讓你們家長帶你們去吧！去享受一個快樂而刺激的週末吧！

點評

　　小作者非常眞實地記錄下了自己的「探險」過程，其中那幾次「完美的青蛙合唱」最生動、有趣，給人留下了深刻的印象，但文中多處語言欠考慮，需反覆修改錘煉，結尾處缺少點睛之筆，以致於結構稍嫌鬆散。

自食其力

穆雅

　　「嘟」——我和媽媽左顧右盼地穿梭在喧嘩的大街上。「媽媽，我累了。」我無力再走，抱怨地嘟噥著。「那……那我們坐輛三輪車走，反正不遠了！」媽媽邊說邊尋找著。

　　提到三輪車我總會想到電視中穿行於北京大小胡同裡的那些，別具中國特色，有新意的還會掛上幾個中國結，坐在裡面逛北京城肯定別有一番風味！正想著，媽媽帶我走到一輛車旁。「請問……」媽媽剛剛開口卻又停了下來，我抬頭一看，怎麼……怎麼……是一張幼稚的臉？我估計著他也就十四五歲的樣子。「阿姨，上來吧！我拉得動！」顯然，他看出了媽媽心中的顧慮，但是媽媽卻忙擺手說：「嗬！算了吧，算了吧！這麼點兒個孩子……」說著把我拽上了另一輛車。「師傅，剛剛那個孩子怎麼……也拉活？」媽媽問拉車的伯伯。「他啊——」師傅笑著，把話說了一半，然後又繼續說，「他媽媽不管他！」「他父母是幹什麼的啊？」媽媽又詢問道。「開了個水果

微恙區

攤，生意還算過得去。」「噢──那他也不至於爲家裡操心啊？這孩子！」媽媽說出了我心中的疑惑。「哼，他哪兒是爲家啊！」師傅無奈地說，「拉活的錢自己買煙抽──」這話一出，我的心便涼了半截，原本以爲他是個自食其力的人呢。「啊？他這麼點的孩子還抽煙哪？」媽媽似乎與我一樣驚訝，但更多的卻是失望。再後來，車裡便一片寂靜……

精批

以車裡的寂靜來襯托人物心理的不平靜。

到了家，我的心也久久不能平靜。一個和我年齡相當的孩子，竟迷戀上吸煙。爲此拋棄學業，放棄前途，代價僅僅是一刹那的煙霧繚繞……這個美好的季節，這個燦爛的世界，我們應該汲取知識，收穫成功，品味快樂，體驗生活。而他……放棄了美好的未來，荒度青春於煙霧中，這也可以算是自食其力的生活嗎？……我陷入了沉思。

點評

作者用一個孩子的眼光去看世界，體味人生百態，這一點難能可貴，更爲可貴的是，作者觸及到人生的複雜，並從自己的角度進行評判，這是寫好作文的最關鍵──關注生活，體味生活。此文在思想內容的深度及遣詞造句上的純熟，堪稱佳作。

說明天地

我的布娃娃

許可

在我的床頭櫃上坐著一個可愛的「小姑娘」——我叫她「小成」。她是我的知音，是我最最喜歡的布娃娃。她，還是我三歲那年過春節時，小姑姑送我的呢！我第一次見到她，就開心極了，抱著她左看看右看看，愛不釋手。又纏著姑姑給布娃娃起個名字：「成不成呀，成不成呀？」姑姑說：「就叫小成吧。」

小成長得可漂亮了，瀑布般的金色長髮在陽光下閃閃發光，長睫毛下一雙碧藍碧藍的大眼睛就像兩泓清澈的湖水，小巧的鼻子，薄薄的紅嘴唇。一套暗紅色小格、鑲著波浪花邊的連衣裙穿在她的身上，顯出超凡脫俗的高貴氣質。特別讓我喜歡的是她的後背上有一個音樂開關，只要把開關輕輕撥動一下，她就會「咿呀咿呀」地唱起動聽的歌，雙腳還有節奏地上下擺動。我就隨著她的歌聲手舞足蹈，逗得全家人哈哈大笑。

精批

開門見山，點出我喜愛的布娃娃——「小成」，然後介紹她的來歷。

精批

從「色彩」上突出了布娃娃的超凡脫俗。

精批

從「布娃娃」的動作上寫出我的喜愛之情。

微差區

123

自從有了小成，我不管到哪兒玩，都要抱上她。還經常在叔叔、阿姨、小朋友面前「炫耀」我有一個漂亮的布娃娃。

每當媽媽忙家務的時候，我就當起了小成的化妝師。我拿出媽媽給我買的所有頭飾開始打扮她：她金色的長髮被我別上了各式的髮夾，繫上了五顏六色的橡皮筋兒，頭花也套上了：紫色的、黃色的、粉色的……憑著我的「高超手藝」，小成的頭髮經常被弄得梳也梳不通，攏也攏不動。可是小成藍寶石般的眼睛還是友善地望著我，絲毫沒有委屈的意思。倒是媽媽總點著我的腦門，嗔怪著：「真是個閑不住的孩子！」

如今，小成一身暗紅色的裙子上被我勒上了一條兔絨圍脖，也是暗紅色的，雖然顏色很①般配，但畢竟圍脖太大了，顯得有點累贅。可是我想不出更好的地方安排這條圍巾。唉，也只好苦了小成嘍！

後來我又有了許多新玩具，可我一直捨不得丟棄小成，一直讓她坐在我的床頭櫃上。每晚睡覺前，我都會跟她合唱一曲歌，然後對她說：「Good night!」再鑽進被窩進入甜甜的夢鄉。

當然，在我不高興時，小成就成了「出氣筒」。不過我從不打她，只是把心裡的委屈對

她大聲喊出來，就會覺得好很多。

有一次，媽媽誤會了我，大罵了我一頓，我憋了一肚子火，回到屋子裡對小成大吼大叫：「憑什麼呀？憑什麼呀？憑……」忽然我止住了。小成的碧藍的眼睛平靜而和善地望著我，似乎在說：「別生氣了，你媽媽也是為你好。……」我輕輕撥動音樂開關，悅耳的歌聲又迴盪在我小小的房間裡。

從此以後，我不再對她大喊大叫了，而是和她一起分享歡樂，排解憂愁。她也總是忽閃著一雙碧藍的大眼睛，微笑地唱歌給我聽……

在我眼裡，小成不僅是個布娃娃，還是我的好朋友。雖然我現在長大了，可我還是很喜歡我的「小成」。

點評

　　小女孩的最好朋友就是各式各樣的布娃娃。本文中作者將心愛的布娃娃展現在我們面前，它不僅是朋友，更是知音。俗話說「眼睛是心靈的窗戶」，作者也恰當地抓住布娃娃的「眼睛」來說明人與布娃娃之間的朋友關係是如何建立的！結尾處的再次點題，使文章結構更完整了。

微志區

我喜愛的一種動物

崔海明

病因①

錯用關聯詞語，「即使……」常和「也」搭配使用，表示一種假設。

處方

把「都」改成「也」。

病因②

成語使用不當，「奄奄一息」形容氣息微弱，快要死亡。此處是指老鼠面臨的情況，將要到來。

處方

改為「大難臨頭」。

貓是一種哺乳動物，為捉老鼠立下汗馬功勞，因而不少人都喜歡它。

貓為什麼有如此高超的本領呢？首先應歸功於它的眼睛。它的眼睛像寶石一樣，即使在伸手不見五指的黑夜裡，對各種事物①都看得一清二楚，任何東西都難逃它的「法」眼。其次，它有一雙耳朵，能聽風辨向，四面八方極微小的動靜，它都能聽到。第三，它的鬍鬚能測量各種洞口的大小深淺，履行「偵察兵」的職責。

在捉老鼠時的貓一般是不叫的，它捉老鼠時先躲在無人的僻靜處，等待老鼠出洞。當老鼠從洞裡露出頭舉目四顧時，貓不去理睬它；當老鼠肆無忌憚地出洞時，貓便悄然無聲地以迅雷不及掩耳之勢撲去，將老鼠咬死，拖到隱密處，美餐一頓。為什麼貓撲老鼠時悄然無聲呢？這是因為它的足下面有厚厚的肉墊，因此老鼠耳朵再好，也絕對想不到自己②奄奄一息。

126

貓的警惕性很高，它吃食物時，一有風吹草動，便將食物先隱藏起來，等到周圍沒有動靜時，才大大地飽餐一頓。

貓腳的下面有尖鉤，這就是它能上樹的原因，它也就是以此自衛的。

貓是忠實的家臣，難道不值得我們喜歡嗎？

點評

本文對貓這種動物進行了詳細的介紹，語言生動、準確，活潑風趣，從不同方面描述了貓的生理特點、生活習性等，使人在輕鬆閱讀的同時也長了知識，對貓這種平常的動物也有了更多的了解。本文最大的特點是描寫細緻，語言傳神，這都源於小作者平時耐心仔細的觀察。文章中字裡行間都流露出了對貓的喜愛之情。

微差區

可愛的油茶樹

向昌銀

朋友，你到過我的家鄉——合水嗎？我的家鄉山清水秀，美麗富饒，且不說五里坡氣魄的雄偉，也不說達山坳蒼松翠柏的繁茂，只說

那滿山遍野的油茶林就足以使你流連忘返。

春天一到，和煦的春風吹過茂密的茶林，細雨從灰白色的雲層裡悠然①得飄落下來。油茶樹貪婪地吮吸著乳汁般的雨露，哺育著新的枝葉和茶果。

陽春三月，茶泡掛滿枝頭，青的、紫的、紅的，色彩絢麗，好看極了。到了成熟的時候，它的外皮就脫掉了，像是換上了一件潔白的玉衣。遠遠望去，在陽光下亮閃閃的，像一個個乳白色的燈泡。沒有熟透的茶泡吃起來有點苦澀，熟透的茶泡，吃一個你就會脫口讚嘆：「呀！多麼甜美！」

茶泡成熟了，茶球就加快了它成長的速度。開始只有豆粒大小，呈青綠色，全身被灰色的細毛裹著，在濃綠的葉子掩映下，你很難從蒼翠的樹葉中間辨認出來。到了秋天，茶球已成熟，細毛變少了。她以最美的姿色招惹著你，那綠葉扶著的一串一串茶球，隨風搖曳，像是向你招手致意。

寒露一到，整個合水山鄉簡直沸騰起來了，那崇山峻嶺、溝壑深谷都②溢滿了人們喜摘茶球的熱鬧氣氛。那歡笑聲、歌聲、吆喝聲，在山谷裡此起彼伏。不過幾天，家家戶戶的曬穀場上，摘下來的茶球就堆得像座小山。顆顆茶球猶如寶石，在陽光下晶瑩奪目。

精批

開首以問句形式與讀者拉近了距離，吸引人往下讀。句式上仿《百草園到三味書屋》中的語句，起伏轉折，富有文采。

病因①

助詞誤用「的、地、得」不分。

處方

把「得」改成「地」。

病因②

詞語搭配不當「溢」作為一個動詞，其後常跟流動的物體，與這裡的「氣氛」一詞不搭配。

處方

把「溢」改成「充」。

剝去茶球外殼，取出烏黑發亮的茶籽，烘乾搗碎成粉末，再用機器壓榨，得到的便是清香可口的茶油。茶油是烹調飲食的好作料，特別是茶油炸出的糯米糕、三角糕、豆腐糕⋯⋯橘紅的顏色，又香又酥，它那獨特的滋味定會使你讚不絕口。

茶球收摘過後，合水彷彿成了花的世界、蜜蜂蝴蝶的樂園。朋友，你要是初來的話，切不要以為是十月雪，那是滿山遍野盛開著的茶花呀！你來到茶林深處，那茶花的清香隨風吹來，定會使你陶醉。那時，我再為你準備一根草管，讓你將一端含在嘴裡，一端插入花朵裡，輕輕一吸，頓時一股甘甜湧入你的心房，你會說：「甜極了！」

環視茶花盛開的山巒，回味甜入心窩的茶蜜，你會和我一樣讚嘆：啊！可愛的油茶樹！

精批

樸實的描寫，只因作者對家鄉的油茶樹是出自真心的喜愛，因此才讓我們不禁想要去嘗一嘗那茶蜜。

微差區

點批

作者通過對家鄉油茶樹的介紹和描述，表達了自己對家鄉的愛。文章用設問的形式開頭，引人入勝，接著按油茶樹的生長特點寫了茶泡、茶果和茶花，裡面還穿插了農民喜摘茶果的情景和茶油的特點，層次清楚，描繪細緻，動靜相宜，給人以身臨其境之感。

❦ 風景如畫 ❦

繽紛四季

北京的秋天

周婧怡

生活在北京的人們都知道，秋天是北京最美的季節。這時候的北京是色彩斑斕的。雖然它是短暫的，但是它給予人們的種種美的時刻、美的幻想、美的期望卻是長久的不變的。秋在人們的心中是美的永恆。

在北京周圍的山上，秋的到來，讓這裡成了紅的世界。紅色的楓葉，形態各異。有的仍依依不捨的偎在樹枝上，有的卻早早落在了大地上。風一吹過，它們就迎風舞蹈，是因為什麼？迎接冬天嗎？還是這是葉的節日？

此時的天與水，更顯得無比的縹緲和深遠了。水呢，若一面空虛的魔鏡，離它近些，似乎就要把你吸進去一般。而天，它像要離我們遠去了，那麼高，那麼①蘭，還有大群大群的

病因①

錯別字。「蘭」指蘭花、蘭草。

處　方

改為「藍」。說顏色用此字。此段末一句可刪去，其與文章內容無太大聯繫。

南去的鳥兒。是天帶走了鳥，還是鳥帶走了天？我們無從去考慮，因為沒有時間讓我們去思考了。

城市裡，大街小巷，到處是秋的足跡。②有些是歡天喜地，有些也不乏一絲淒涼。北京的許多街道上都種了銀杏樹，秋的到來給它們帶來了新的衣裳。一場秋雨，空氣變涼了，銀杏的葉子也不知在何時由亮綠變成了純純的淺黃。秋風絲絲地拂過，冰涼的，同時也捲起了落葉。車輛，行人，在城市的各處穿行，③忙忙碌碌地，加快了腳步，就像秋一樣。傍晚時分，天由藍變灰，落日的餘暉抹在雲上，天空泛起了紅暈，羞澀地望著、看著，樣子真是可愛！

夜晚的到來，讓秋突然變得沉寂。冷的氣體在我們的周圍纏著繞著，不禁讓我們打了個顫。天上的星星閃閃，卻是一種④慢悠悠的感覺。心緒很亂，思想也很荒謬，一切顯得很離奇，似在夢中，飛起來了，抓不到任何的東西，空落落的。

不知什麼時候，小雨淅淅瀝瀝地下起來了，一片寧靜與安詳。遐想沒有了，但似乎太靜了，所以預示著人們也許即將會發生什麼。

北京的秋天，美得讓人捉摸不透。它既是透明的，又是迷濛的。也許，北京的秋天，美

微差區

病因②

指代不明。「有些」指什麼？作者沒有交代清楚。

處方

把「有些」改為「有的地方」。

病因③

重複，「忙忙碌碌」和「加快」語意相重。

處方

去掉後一句

病因④

用詞不當。「閃閃」和「慢悠悠」前後不一致，前快後慢，顯得自相矛盾。

處方

改為「倦懶」。

精批

此句可改為「遐想停止了，但似乎太靜了，只能聽見雨打落葉的聲音，難道這是預示著萬物回歸大地的聲籟嗎？」

就美在讓人虛幻迷離的感覺吧？

〈後記〉

　　當我已經熟悉了冬天的時候，再來回味秋天的美麗，卻並沒有因為時間的改變而感覺不到秋天的美，而是更加懷念。2004年的秋冬是多事的秋冬，但我珍惜這份真實的回憶。

點評

　　在這篇散文中小作者是用自己的心去領會北京的秋韻，由秋葉寫到秋水，又寫到大街小巷忙碌著的人們，最後寫到了讓人如在夢中的秋夜。從字裡行間中讓讀者能體會到小作者那顆有幾分寧靜又有幾分寂寞的心，最後結尾點出北京秋天的美的內涵。總之，語言非常真摯，樸實，由其文可以觀其人。

冬之韻

官雲燁

不知不覺中，冬來了。

已到的是冬的先鋒——風。風四季都有，春日的風和煦溫暖，像一隻大手柔情地撫摸著大地；夏日的風難得可貴，為揮汗如雨的人們帶來一絲清涼；秋日的風嚴酷無情，吹得片片紅葉似彩蝶在風中飛舞飄揚；而冬日的風，凜冽呼嘯，咆哮著告訴人們：寒冬到了！

未到的是冬的象徵——雪。雪花猶如冬日的精靈，它們紛紛揚揚地灑下神聖的白色，向人們傳達著：寒冬到了！而今年，這些為孩子帶來歡樂的天使卻久久不願露面，我們只能默默地祈禱它的到來，為寂寥的冬季再增添一份生機。

其實走在大街上，我們能很容易地感受到現在是冬季。抬頭滿眼是朦朧的灰白，一排排楊樹褪去了綠色的外衣，只剩下光禿禿的樹幹、樹枝，這好像是一夜之間發生的事，看著過往的行人，一個個穿著厚厚的羽絨服，帶著毛茸茸的帽子、圍巾、手套，全副武裝著，顯

精批

開門見山，簡潔明瞭。

精批

此處對風的描寫既能準確抓住四季的特點，同時語言也很華美。

微志區

精批

與下文的「儲備」「意興闌珊」相對比，欲揚先抑。

精批

此處從正側兩方面去突出冬已來到這一事實。

133

精批
此處才是對冬眞情的歌頌。

精批
結尾聯想自己的生活，呼喚人們去儲備……

得十分臃腫。一些人不斷地向手上哈著氣，一團團白色的霧氣彷彿一個個小小的火爐，在冬日溫暖著人們的心。

　　冬天，作爲一年中的最後一個季節，往往會使人聯想到即將終結的蕭條，不經意透出一種意興闌珊的感受。其實，雖然冬日沒有春的朝氣，夏的活力，秋的美麗，它卻有著自身獨特的魅力。這是一個積存儲蓄的季節，它不斷調整，暗中滋長著力量，蓄勢待發爲了使第二年的春天噴薄出綠色的希望。

　　所以在冬季，我們也應抓緊時間，儲備好知識，去迎接新的一年，新的挑戰！

點評

　　文中對冬描繪，抓住風、雪兩大代表物，之後在一系列的鋪墊中，將冬的韻味道出——儲蓄的季節。題目有畫龍點睛之效，取材的精確，頗能呼應主旨語言的優美，尤能耐人尋味。

寧靜的午後

栗子騏

大院裡的生活是十分安靜的，找不到城市裡喧鬧的塵土。

暑假的生活過得飛快，眨眼間就只剩下一個星期了。在這最後一個星期裡，我會珍惜每一天，珍惜每一個寧靜的午後。

放暑假的最大好處就是有更多我能自己安排的時間，能美美地睡上一個午覺。

每天的 11:40（上午），我都會拿好餐券，早早地跑到食堂打飯，打好飯自己找個位置坐下。在飯堂跟大伙一塊吃飯的好處是能營造出很好的氣氛。看著每人都在狼吞虎嚥，自己也會不知不覺地很有食欲。苦瓜也能品出甜味。

吃過飯，肚子撐得很，不能馬上回家睡覺，總是和朋友們一起在這個親切的大院裡散步。

午後是寧靜的。路上，花園裡幾乎沒有人。大院裡綠樹成蔭，就是中午也能感覺很涼爽。棵棵綠樹枝葉繁茂，不知已為幾代人遮過涼。蟬們在這樹上，小日子過得一定很美。中

精批
開頭點題。

精批
可見人融入集體中的興奮與快樂。語言有趣。

微差區

精批
生動的語言，「小日子」這個詞用得妙！

病因①

缺少主語，過分省略導致語意不明。

處方

「都會」前加「我」。

精批

結尾自然有深度。

午更是它們抒發豪言壯志的時候，「知知知」叫個不停。「蟬噪林愈靜，鳥鳴山更幽」，那些蟬叫聲更襯托出午後的寧靜。

大院三面環山，可跟承德的避暑山莊媲美。寧靜的午後裡，那些山們也都午睡了，只有布穀鳥、喜鵲的聲聲啼叫在山谷裡迴蕩。我彷彿能聽見山上棵棵樹，根根草的打呼嚕聲。

午後的陽光同樣是迷人的。①每當這時，都會看到大院裡那些很會享受生活的貓們，三三兩兩，懶洋洋地躺在草地上，任陽光靜靜地撫摩它們閃著油光的白毛，一種愜意瀰漫在它們那下垂的八字鬍上。

每陣午後的風刮過，都會給我帶來絲絲舒爽的涼意。那涼意有時也會沁入心靈，給我帶來對現在所擁有的生活的讚美。

在這樣寧靜且迷人的午後，我躺在床上，聽鳥語蟬鳴，沉沉睡去，怎能不算一種美的享受呢？

點評

　　這是一位頑皮的男孩的暑假週記。閒適的午後被他寫成寧靜中交織著一首令人心醉的樂章，真是「蟬噪林愈靜，鳥鳴山更幽」。小作者用襯托的手法描寫午後的寧靜、迷人，從而自然流露出他對所擁有的生活的讚美，高明又有深度！

尋　秋

陳樂

天，高傲地鋪展著藍色的輝煌，依稀有鳥兒丈量著它的尺寸；風，輕輕演奏起綺麗的樂章；雲，在風的輕撫中滌淨它姹嫣的面龐。這樣的美麗一天天地重複著，彷彿給透明的生活點入一滴彩墨。

然而這一切只是美麗的襯托，真正的濃墨在於野菊留下了秋的痕跡。這朵野菊的提前到來似乎喚醒了我，去摸索秋的呼吸。

尋覓中，我找到許許多多的答案。

清晨的歌聲將我從夢中牽回現實。走出樓房，一陣淡淡的清涼驅逐了往日的耀眼與炎熱。我彷彿感到秋的雙臂緊緊環繞著自己，①剛剛淋浴過她帶給我的清爽與寧靜。懷疑她愛撫過奪目的陽光，才使它漸漸溫柔；懷疑她催促著吵鬧的蟬兒入睡，才使它悄悄安靜。

儘管正午的陽光依舊威風凜凜地向大地投下一片酷熱，但秋已把天空拖得好高好高，把雲彩抹得很淡很淡。我頓悟她是極力想帶給我們一片涼爽，今日的雨露證明了她的願望。

精批

抓住「秋」特有的色彩。語言空靈、優美。

精批

此處野菊的出現與下文無關聯，另外又給人轉換話題的感覺，所以可刪去。

病因①

用詞不當，語意不明。「過」是過去式，而「著」是現在進行式，矛盾。

處方

「愜意地沐浴著」。

微恙區

137

放學的路上，一棵矮樹上的落葉闖入我的眼中。葉間淡淡的黃色一定是秋刷上去的。她真是位浪漫的少女，這一點淺黃已流露出她的思緒。

有人說，秋渾身散發著一種淒迷哀傷的氣質；有人說，感受秋的到來有一種落淚的衝動。但我在尋秋的過程中感到一份暖意，一份踏實，我似乎覺得她在思索著如何將天地變得柔情，或許是因為這個問題太深奧，才使得她顯得深沉。

精批

一改往日對秋的讚嘆角度，從「暖意」、「踏實」入手，立旨深。熱愛大自然，才能更好地熱愛生活。

點評

優美，空靈，婉約的筆調彷彿把我們也帶入了那一秋的天地。這裡有清爽與寧靜，也有暖意和踏實，細膩的表達一改秋日的蕭瑟。擬人手法靈活，將秋的意境，散發出更親切的感染力。

氣象萬千

雪

龔雪妍

雪，是上帝的福音，神聖仁慈；雪，宛若天仙般降臨，妝點一切；雪，有如天鵝公主的白色舞裙，隨風旋舞；雪，好似潔白的櫻花，淨化世間。

冬日的清晨，來到曠野上，仰望冰雪滑過陰霾的天空，心中不由得一陣釋然，一種從未有過的純淨與泰然。風吹過，把大衣緊一緊，目光追隨著風的腳步，看著它帶著天上地上的雪奔向遠方。風止了，又覺得這純潔的使者是從天穹的一點下落到人間的，似乎落到地上是玷污了她。站在鬆軟的雪上，感受著被自然環抱的感覺，舒暢而又安全。下雪的時候，多是溫和的，既不刺骨，也不劃臉。這個世界此時此刻因為雪的存在變得寧靜而又安祥，多了幾分典雅，少了幾分哀怨。

在鄉下，屋頂上冒著濃濃的炊煙，在一所像雪糕一樣的小房子前，幾個孩子在快樂地打

微差區

雪仗。這純真給人的感覺是多麼強烈。雪，這時是可愛的。

可她同時也是無私，不圖回報的。

雪，是①死去的雨。在生命已經結束時，她依然平等地把愛灑向每個地方。無論是樹冠，枯草，屋頂，還是大地；無論是高貴的貴婦人或者飢寒交迫的乞丐，她總是盡自己的力量給世間帶來一些安靜，一些唯美，一些純潔，一些柔情。

雲開日現，刺骨的寒風預示著雪的消逝，她完成了使命，展開翅膀化作早晨送信的一隻白鴿，回到了天國。這時，②好像平日裡美好溫暖的陽光成了罪人。萬物茁壯生長，綠色來年鋪滿大地，雪在天堂微笑著，那樣的超脫世俗。明年這個時候，她又會回來，與你相伴在寂寞的冬天。

病因①

用詞欠形象生動。且「死去」感情色彩也不好。

處方

改為「昇華了靈魂」。

精批

由形入神地讚美雪之無私。

病因②

「罪人」感情色彩與整個句子氛圍不和諧。

處方

「在美好溫暖的陽光照耀下。」

點評

　　此類作文最忌以物寫物，侷限於寫物詠物的思路，而小作者能夠由形到神地描寫雪的美麗與無私，並且運用托物言志的手法表達出自己純真無私的愛，及奉獻給人間的美好願望。結尾含義深長，令人回味無窮。

雪

呂匡然

今天是正月十五，元宵佳節，是一家人團聚的日子。不知是什麼時候，雪花悄悄地落了下來，①與人們一起歡度。

到了晚上，天上的月亮躲了起來，漫天飛舞著雪花。我站在窗前向遠處眺望，視線漸漸地模糊了。這雪花好似一層紗，遮住了我的視線，使我感到一股莫名的神奇。這時，小區的路燈亮了，燈光打在雪花上，顯得格外敞亮。也許是天太冷的緣故吧，馬路上、車棚上、汽車上，到處都有雪的足跡。

我把手伸出窗外，有一種被風雪吹打的快感。我的手雖然寒冷，可心裡有一種說不出的歡喜。雪花落在我的手上，霎時，一絲涼意滲入心田。我用手接住了幾片雪花，拿進屋裡觀察著，我深深地被吸引著。她潔白無瑕，有如漢白玉石，但是比漢白玉石更柔軟；又像鵝毛，但比鵝毛更晶瑩。總之，在雪的身體裡，有著所有美麗的物體的長處。②可是並不驕傲，甘心情願地把自己歸還給大地。讓孩子們

病因①

用詞不當，「歡度」必須跟賓語。

處方

改為「與人們一起歡度這個美麗的節日」。

病因②

缺少主語，整句的意思模糊，讓人費解。

處方

改為「可是她並不驕傲。」

微差區

有了打雪仗的快樂；讓農作物有了冬天的棉被；也讓水庫有了新一年的儲備。想著想著，手上的雪化了。

我望著窗外的雪，不由得佩服起他的精神：在凜冽的寒風中，他仍自由自在地飛舞著；在每一個骯髒的角落裡，他仍是潔白的。最重要的，是她捨己為人的精神，這種品質也正是現代人缺少的。

自古以來，有多少千古絕唱的詩句中出現了雪的蹤影，但大多數只是陪襯其他事物，很少有直接描寫雪的詩句。而我卻要高聲地讚美她。正是因為她不追名逐利，我才敬佩她；正是因為她只願作小草，我才喜愛她；正是因為她甘心奉獻，我才讚美她。她是值得敬佩的，他是配受這讚美的，因為她從不驕傲！

窗外，雪依然下著，不停地下著。正是因為有了這可愛的雪，才有了這個安靜而美麗的世界。

精批
把「他」改為「她」更能突出雪花的潔白、輕盈之美。

精批
幾句排比句突出了雪的高貴品質與精神。

點評

這是一篇美麗的抒情寫景散文，文筆優美，語言生動，比喻貼切自然，在文章中自然抒發了對雪的讚美之情，能夠融情於景，借景抒情，是寫景散文中的佳作。

初　雪

張瑤

　　不知為什麼我那麼愛雪。假如把雪比作清純動聽的樂章，深情優美的詩篇，那麼我更愛、更神往第一個令人新奇的音符，第一行令人陶醉的詩句——初雪。

　　前些天威力並不怎麼大的風忽然變得寒冷起來，風並不太大，只是冷得像空中隱藏著把無形的尖刀。起初，是零星小雪，彷彿夜晚正在眨眼的小星星從半空毫無目的地降落，漸漸地，雪越下越大，廣闊大地披上了入冬以來不曾有過的美麗冬裝。天地混為一色，一片銀白。

　　看近處，大雪鋪地。咦？何時光禿禿的枯枝上「梨花怒放」，潔白無瑕；「銀果纍纍」，豐滿蓬鬆。這是冬的花，冬的果，冬的結晶。雪仍在下，像美麗的玉色蝴蝶，似舞如醉；像吹落的蒲公英，似飄如飛；像天使賞賜給大自然的小白花兒，忽散忽聚，飄飄悠悠，輕輕盈盈，不愧是大自然的傑作啊！

　　看，雪中的人兒，不，是朝氣蓬勃的同學

微差區

精批

用一連串比喻句來引出作者要讚美的「初雪」。

精批

生動地把冬季的寒冷以及初雪的美麗描繪了出來。

精批

語言清新、優美，比喻生動、形象。

病因①

標點符號使用不當，這裡是推測，表示可能，不用「？」

處方

去掉「？」，保留「！」

們，追呀，跑呀，跳呀，笑呀，開始了期盼已久的「雪中大戰」！一個「兵」倒下了，半天沒起來，同隊的「戰友」伸來了熱情的手，起來，再打！瞧，一個個滿頭大汗的，他們的笑聲隨著風雪去追尋春的腳步，雖然柳絲還未發芽，儘管小草還未吐綠，他們的理想之花定會在明媚的春天開放的！

這，也許就是我愛初雪的緣故吧①？！

點評

　　文章短小、精煉，能捕捉到初雪來臨時那一剎那的靈感，語言運用非常自如，可見平時閱讀豐富，詞語積累得非常多。文章中的比喻句運用得非常貼切，自然。把初雪帶給人們的驚喜舒暢，淋漓盡致地表現出來了。

雪之劇

解巍巍

精批

題目新穎，記住「好題半個文」。

　　第一片雪花落在地面上時是清晨。我拉開了朦朧的幕簾。半透明的晶粒裝飾著視野。他們飄到手上，牆上，樹上，轉瞬即逝。連讓你驚喜的時間也不給。只讓你欣賞這短暫的美。

漸漸地，雪又歸順於風的指引。由風帶領著他們，整齊而優美地滑落至地面。如果從窗內看去，那似雨非雨、似霧非霧的景象乍看起來還真分不清。雪花們在風的歷練下，從模糊的半透明，逐漸變成隱約間閃著晶光的潔白。他們落在各個角落。雪變成了主角。

精批

描寫順序清晰，由近及遠，由下而上。

雪覆在路面上，人們記住了自己的腳印；雪覆在草地上，讓生命多了一種色彩；雪覆在枯丫上，滋潤了枯枝；雪覆在樓房上，樓房換上了一件無價的新衣。

精批

此語使用與下文有了緊密聯繫，突出其變化，隨著劇情展開，雪的角色被突出了。

不知何時，雪困了。他們不再鍾情於點綴大地，演繹生活。他們睡著了。睡在大街小巷裡，睡在高樓平房上，睡在花草樹木間。有的找到了歸宿。有的還沒尋找到歸宿，便睡在旅途中。

雪，退幕了。但他們的謝幕仍是回味無窮。

精批

結尾可做如下處理：「翌日清晨，雪，退幕了，退幕到了我們真實的生活裡。」
如此結尾就更顯得意境悠遠。

微差區

點評

　　文中將雪與劇相結合，從剛剛下雪一直到要停，作者巧妙地將其比喻成序幕到尾聲的戲劇的幾個部分，筆觸細膩，形象生動，頗有新意。

青山秀水

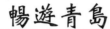

暢遊青島

李飛

在暑假時，我們家來到了青島這個美麗、潔淨的城市。

①青島給人的感覺是道路起伏不平，建築風格奇異，一般都是公寓形狀的房子，風景如畫，有些像歐洲的建築風格。

我們去的是青島市外的郊區。看到此處不做標記的。②在到那裡的第二天，我到青島最有名的「石老人」海水浴場去游泳。當我踩在那金燦燦的沙子上時，有一種軟得要陷下去的感覺湧上心頭。不管三七二十一，先下水去試試，海水雖清澈但太涼了，我跳下去的時候差點凍成了冰棍，但是那也不能阻止我急切的心情。那海水實在難以抵擋，冰涼的感覺浸透了我的全身，使我頓時覺得全身上下舒暢無比。當漲潮時，浪頭一個接一個地打來，③衝來的浪衝得人們足有2─3米高，大浪過去時，又彷彿將人們放回最低點，浪頭就這樣永無休

病因①

語序混亂，讀來很彆扭。

處方

改爲「青島給人的感覺是城市風景如畫，道路起伏不平，房屋建築風格奇異。那些公寓形狀的房子，有的像是歐洲的建築風格。」

病因②

重複。前面說我們到郊區，再說「到那裡」。

處方

刪去。

止、永不停歇地和人們遊戲著。只有在海水裡嬉戲的人們，才能感覺到那是怎樣快樂而又盡興的事情。雖然我已經很長時間沒有游泳了，但是一下到水裡，我就像一條暢遊在大海裡的魚一樣，盡情在海裡享受著。當家人叫我走時，我還真捨不得這誘人的海水呢！

在接下來的幾天裡，我在市中心玩了玩。我看到了青島的發展之快，到處高樓林立，旅遊風景區一個接一個，真讓人眼花繚亂。而且那裡的房屋都是靠海的，讓人一覺醒來推開窗戶，就可以看到大海。

④在這裡度過了四天的時光，大多數時間是看海、游泳，能看到大海的平靜和咆哮，緊張了一學期的大腦得到了充分的休息。我喜歡這裡優美的環境，喜歡這涼爽的氣候，喜歡這次美麗又短暫的旅行。

病因③

囉嗦。「衝來」和「衝」重複。

處方

刪去。

病因④

缺少主語。

處方

句首加上「我」。

微差區

點評

一篇好文章帶給讀者最重要的就是一個字：「美」。讀罷此文，只覺得周身愜意無比，似乎每一個毛孔都隨著作者去享受誘人的海水那樣順暢。作者用他細膩真切的感受，簡潔清新的描述和對自然，對生活的那份純真的愛打動了我們。

攀鷲峰

陳樂

鷲峰腳下，一片寧靜的樹林，似乎樹木仍沉浸在睡夢之中。向上望去，山峰披著蒼翠的綠衣。山頂雲霧繚繞，彷彿一位窈窕淑女頭縮輕盈的白紗。

望著遙遠的峰頂，我開始懷疑，以自己的能力和勇氣能否到達那時隱時現、迷迷茫茫的人間仙境？這個問題一直盤踞在心中。我帶著猜疑和一點點渺茫的希望，上路了。

一路上道路的崎嶇，曲折得很，兩旁松林密布，間或有一兩戶人家很輕妙的幾間屋，築在山上。我仰頭望去，鬱鬱蔥蔥的樹林遮住了山頂。太陽還是淡灰色的，似乎還未起床為自己抹上紅裝。走在這綠樹濃蔭之間的我，遠離了那個喧囂的城市，心中有幾分寧靜。

然而，這愜意在片刻過後，便被一種焦急、迫切所代替。嘴、唇已漸漸開始發乾，喉嚨裡也像著了火般熱辣辣的。那該死的山頂總覺得像是消失了，讓我一直爬呀！真想在一塊岩石上躺下，美美睡一覺，管它什麼「不到山

頂非好漢」！然而我的虛榮心最終戰勝了這懶惰的想法。看著同學們一個個士氣高昂地從身邊走過，我意識到，不往上爬就會掉隊。沒有辦法，只好硬著頭皮往上爬，儘管感到心臟就要從胸口跳出來，臉也像是貼在火爐上一樣燙。千辛萬苦只有一個目的：不掉隊。

就這樣一直向上爬著。終於，當一切自尊與希望都將要被勞累所打敗時，仰頭一望，山頂已近在咫尺，似乎有一個朦朧的聲音在召喚著我，引導著我一直向前走著。鷲峰啊，我終於到了你的山頂。

站在山頂，向天際放眼，幾隻飛鳥矯健地拍打著羽翼劃過雲端；低頭俯覽，蒼茫雲海，宛如無數厚氈長絨的綿羊。依稀看到遠處有無數蜿蜒的「魚龍」爬進了雲堆。太陽依舊隱藏在霧靄之中，但我們的歡笑聲揭去了山林的睡意。樹葉在風中抖動起來，向所有人熱情地報告歡欣之臨蒞。此刻的一切，正被我們堅持不懈、勇往直前的精神渲染得璀璨多姿。寧靜的萬物，在希望與自尊的吼聲中，激動地震顫著！這一切的美麗，都成為我們不懈精神的襯托！

鷲峰，我戰勝了你，此時你的威儀不過是我腳下的一方泥土⋯⋯

點評

> 　　文章圍繞中心「攀」這一主幹集中描寫，沒有枝叉煩筆不必要的敘述，這是最難能可貴的。

難忘的一瞬間

崔月

精批

一大段排比更襯托出清泉谷的與眾不同，也讓人有讀下去的渴望。

　　我去過的旅遊勝地數不勝數，但最令我讚嘆的不是幽深秀麗的黃山，不是山水甲天下的桂林，不是風景美如畫的熱帶島嶼，也不是中華巨龍萬里長城，而是小小的清泉谷。

　　也許你會為那麼多中外馳名的旅遊勝地而打抱不平。但等我給你介紹完這深藏不露的清泉谷，你就一定會拍案叫絕！

　　去年盛夏時分，爸爸帶我們「回歸自然」，廣漠的天空中還有少許璀璨星星時，我們便在皎潔月光的指引下來到了清泉谷。

　　小河溪水嘩啦啦地流著，它將一些遠行的螞蟻送向目的地。幾塊呆板的大石頭坐在那，一臉的憂愁。草叢中的夏蟲們叫得一點力氣也沒有，遠方的山，低著頭，一切都像被孫悟空

灑下了無數瞌睡蟲……

　　不知何時，天邊飄來了幾朵火燒雲，它們變換著色彩與形狀，爲一場聚會拉開序幕：火紅的太陽，羞澀①的從半山腰上探出頭來，然後將自己柔和甜美的光射向大地。小河拍打在岩石上，奏著二重唱，小青蛙跳上岸來婉轉和聲。草叢中的蛐蛐兒的吃了蜜一樣叫得人心裡甜，修長而開滿炫彩花朵的花簇將最強烈的芳香送向遠方。一群色彩明艷的小鳥邊歡唱邊穿過那綠得讓人舒服的樹林，就像無數精靈將樹林輕輕撥動。水生的蘆葦荊條有序地擺動著雙臂，在野花隨風點頭的刹那展示出綠的風采……

　　在如此醉人的風景中，我情不自禁地張開了雙臂，媽媽用照相機將這難忘的一刻定格爲永不褪色的瞬間！

點評

　　這是一篇寫景的文章，小作者爲我們描繪的是一個不知名的「小小的清泉谷」。作者運用了恰當的修辭方法及豐富的語言，爲我們揭開了清泉谷美麗而神秘的面紗，特別是黎明到來時的那一幕，似乎讓讀者都能聞到清晨的氣息，最後小作者也陶醉其中，這正體現了人與自然的結合。

❦ 想像天地 ❦

局長的日記

楊清池

病因①

用詞不當，下文是揭露事情真相，用「因為」不太恰當。

處方

改為「原來」。

病因②

用詞不當。「飛船」的量詞用「個」，不準確。

處方

改為「艘」。

終於，我成為了20003的第1000任阿爾法星的宇宙3號警察局局長。我剛上任不久，我星的阿斯卡般監獄裡的罪犯——布萊克知道我沒有管理經驗，就在夜晚逃出了監獄。嘿！雖然我管理經驗不高，但畢竟是宇宙刑警學院調查系畢業的高才生，抓賊我可是一流的呀！

我來到辦公室，打開電腦，進入「全宇宙空間定位系統」，辦公室裡立刻出現了全宇宙的3D圖像，再往電腦輸入布萊克的編號。頓時，天狼星附近的一顆小型行星發出了猩紅色的光，同時響起了尖銳的警報聲。①因為，我在剛上任時給所有的罪犯裡的食物都放了空間定位粉，這種空間定位粉能把罪犯的DNA和空間位置在一秒鐘內傳入我的電腦裡。

知道了布萊克的位置，我立刻就動手去抓這個罪犯。我駕駛著一②個小型飛船，帶上裝有電腦和工具的旅行包。飛船以超光速飛快前

進，很快就來到那個小行星。這顆行星竟然和阿爾法行星的氣壓、溫度、含氧的比例是相同的！我從旅行包裡拿出一張這顆行星的電子地圖，從這張地圖上知道這裡山高林密，地勢險峻。怪不得罪犯躲在這裡！我又從旅行包裡拿出一個「老花鏡」。這個「老花鏡」可是我的寶貝，③它一戴在頭上，左面的鏡片就會顯示你要找的那個人，離你有多遠的距離，右面的鏡片是一個電子相機，它能分析任何物質的結構。我戴上這個「老花鏡」輸入了我要查找的對象後，眼鏡上立刻顯示了罪犯的位置：在東北角54度距離45公里。我又駕駛著小型飛船向罪犯的方向慢慢行駛。越來越近，再往前就是高山，我來到高山看見山底有一個山洞。我面對山洞時，眼鏡顯示：正東50英吋。我立刻向阿爾法宇宙3號警察局發出呼叫：「喂，我是局長，立刻派兩隊特警馬上來天狼星附近最近的小型行星，對！要快！已經找到他了。」

　　魔高一尺道高一丈，罪犯布萊克還是被我抓到了。哈哈，再狡猾的狐狸又怎能逃出獵人的眼睛呢！

點評 ✏️

> 　　看了這位同學的想像作文後，我真是很佩服他的想像力，他能打破時間和空間的限制，暢遊於想像的海洋中，行文流暢，語言風趣幽默，而且全文弘揚了正義力量，點明正義是不可戰勝的，無論是現在還是在未來。

去遠方

柳洋

　　從小我就喜歡到處跑，睜大眼睛看世界。爸爸媽媽只要有時間就帶我去旅遊，但是這兩年來，因為他們時間緊，所以再也沒有帶我出去玩。

　　從小我就想去西藏，她在我心中一直是一個神聖的地方。聽她的語言，欣賞她的照片，了解她的民俗，一直是我最大的愛好。

精批

> 可算為一組整句，句式整齊，內容充實。

> 「考慮」一詞絕對不能省，否則後面算父母食言了。

　　記得上學期期末，經過我的勸說，爸媽終於同意考慮讓我去西藏。那段時間我總是一遍又一遍地對朋友們說，這個假期我能去西藏啦，我能去西藏了。我天真地以為這個假期就可以實現我長久以來的夢想，去那個有著湛藍

天空的地方。那裡有盛開著的格桑花，零零散落的瑪尼堆，颯颯作響的風馬旗，遠處沉默的雪山和大片的牛羊。那幾天，我經常夢見她，我決定到了那裡之後，我要用記憶將她深藏，不會遺忘，不會褪色分毫。

期末考試後，我一直問，我們幾號去西藏。可是最後爸爸卻說，等你工作以後吧，你現在還太小，萬一上去得了病是很嚴重的。我愣了一下，不知怎麼回事就想笑。工作以後，①工作以後會比現在更忙，這樣一再往後推，我就能預想到老得都快掉牙的時候，可能自己還只能在夢中觸摸西藏。那時，一切為時已晚。

生活就是這樣，希望中夾藏著失望，自己不斷地被旁人同化。等到年老才醒悟，自己究竟要的是什麼。

於是我盼望著能到想去的地方，感受生命的博愛，使自己感到充實，不會後悔。做自己，就像生活只是為了感受生活一樣。於是，想要去遠方。

（**後記**：這個世界並不是那麼美好，願望能在一瞬就變成永恆的夢想。可生活還在繼續，我們不忍放棄，所以我們要變得更堅強。）

這個「笑」意味深長，是一種被打擊後的傻笑。

病因①
表達不清，語句雜糅。

處方
改為「工作以後？工作以後會比現在更忙，這樣一再往後推，那等到老得都快掉牙的時候」。

微羞區

精批
此段可刪去，留待讀者體會。

點評

> 　　這篇文章既浪漫又引人深思。西藏——對於一般 13、14歲的孩子來說吸引力可能不大，但是在小作者的心中，西藏如同一塊磁鐵把她牢牢地吸引。所以，從選材上，這篇文章屬於「人無我有」的獨特材料，再加上清純、美好、有內涵的語言，真是令人神往了。

機　會

趙志昕

　　有一天，上帝下凡來到人間體察民情。

　　他遇到一位年輕的小伙子，①青年整天不學無術，到處東走走、西瞧瞧，上帝問：「機會是什麼？」他說：「機會就是吃喝玩樂，無煩惱地過一輩子。」上帝走了。他看到一個中年人在睡覺，問：「你為什麼不到田裡幹活呢？」

　　「幹活多累呀，還是躺在床上舒服。」

　　「機會是什麼？」

　　「機會就是什麼都不用做，什麼也不用操心。好了，我現在也懶得跟你說話，你走

病因①

指代不明，「青年」是泛指，與前文的「一位」不統一。

處　方

改為「這個青年」。

吧。」

上帝感到很失望，又繼續往前走，他看到一位農民老伯正揮著鋤頭在田裡幹活兒，於是，也向他問同樣的問題。而老伯卻笑著說：「機會就是辛勤工作唄！」上帝聽後非常高興。

若干年過去了，三個人都已步入了天堂，與上帝相遇。年輕人由於沒有學到知識，一生很貧苦，最後得重病死了，他說：「如果上天再給我一次機會，我一定要發奮圖強！」中年人更慘，活生生地餓死了，他不是很窮，但是懶惰害了他，他說：「如果上天再給我一次機會，我一定要到田裡幹活，養活自己。」

只有老伯並不悲哀，他過得很好。由於自己的辛勤工作，家裡的收入也很高，一家人高高興興地過日子，老伯很感謝上天給了他②<u>那麼好的一次機會</u>。

生活中處處有機會，機會就是人生舞台上的一場戲，戲的背後是汗水，是一雙能憑藉實力、善於發現的眼睛。生命只有一次，機會也只有一次，在人的一生中，果斷堅定，把握機會，就可能品嘗到成功的歡樂；猶猶豫豫，思前想後，就可能錯過很多機會，甚至留下永遠的遺憾。不是嗎？

精批

三個人不同的語言對比出不同的思想，也映照出後文三人不同的命運。

病因②

語序不當。

處方

改為「一次那麼好的機會」。

結尾的議論揭露寓意，深刻雋永，使文章錦上添花。

微差區

點評

> 　　套用羅丹的話：生活中不是缺少機會，而是缺少發現。作者借用一個寓言故事來說理，水到渠成，機會只屬於那些有準備的人，每個人都不可能無勞而獲，抓住了機會，至少已成功了一半。小作者平實的語言中卻道出了千古不變的真理。

鋼筆求醫記

趙志昕

病因①

的、地、混用。動詞前用「地」。

處方

改為「地」。

病因②

缺少關聯詞，影響表達效果。

處方

加上「原來」。

　　在一個風和日麗的星期日，小主人打開作業本，手握著鋼筆寫起了家庭作業。

　　鋼筆在作業本上，「唰唰」①的寫著，突然一聲驚叫：「糟糕，寫錯了！」隨著聲音一看，原來是鋼筆有失體統地喊著。作業本聽後，更是大驚失色，漸漸地，作業本支撐不住了，臉色蒼白，頭暈目眩，兩眼直冒金星，肚子疼得厲害。②作業本是患上了「錯字過敏症」。鋼筆非常著急，因為他心裡清楚，如果想治好這種病，首先要把錯字改掉，那麼，上哪兒去改錯字呢？鋼筆托著腮，苦思冥想。突然，他拍了一下腦門，喃喃地說：「我怎麼聰

明一世，糊塗一時呢？咱們這不是有新開的錯字綜合醫院嗎？專門治這種病的！」

鋼筆帶著作業本，來到了這家醫院，鋼筆掛了號，來到了專家研究室，這個專家室，一般都是幾個專家同看一個病人，所以，在這裡看病保證萬無一失。鋼筆扶著已經被折騰得奄奄一息的作業本進了門。鋼筆環視一下，發現屋裡坐著四位專家。一位身子稍長、長得較胖的醫生先發話了：「我是修正液大夫，這位患者哪不舒服？」鋼筆把作業本的症狀給四位專家說了一遍，四位大夫聽後，小聲議論一番，剛才的修正液大夫說：「這個病很好治，要想把錯字改掉，就在錯字上塗上我肚子裡的液體，錯字就不見了。」說著，他從口袋裡拿出③與自己一模一樣的修正液，輕輕地打開，往作業本的傷口上劃了劃，一滴白色的水落在了錯字上。修正液拍拍手，說：「好了，大功告成！」話音剛落，另一位身體像皮球一樣圓的專家說：「我叫橡皮擦，剛才修正液做的方法不對，你們看現在作業本多花呀！應該用我把錯字擦掉。這樣，外人就看不出來了！」坐在旁邊的修正帶發表了意見：「不行，橡皮擦如果第一次沒擦乾淨，將會有第二次、第三次……那麼再硬的紙也會破，那後果可不堪設想啊！」三位大夫爭得是不可開交，④使鋼筆和

病因③
有歧義。容易讓人理解為「修正液」和「醫生」一樣大小。

處方
改為「一瓶外形與自己的模樣相似」。

病因④
「使」字亂用顯得此處語言凌亂，不簡潔。

處方
把「使」改為「而」。

微恙區

159

作業本一臉茫然。這時，他們看見沙發上坐著一位年齡比較大、戴著一副眼鏡、看上去很有學問的修改符號醫生，只見他手裡叼著一根煙，一聲也不吭。鋼筆走到他面前，問：「請這位專家賜教。」其他三位立刻愣住了，修改符號說：「你們的主人是小學生吧。如果是小學生，現在正處於學習階段，難免會出錯，但是錯了不要緊，關鍵是要記住怎麼錯的，下次不要再犯，我覺得他們三位只是想盡量把錯誤掩蓋住，沒有體現出他的真正意義。而我這修改符號不僅能改錯，而且還能記住哪兒錯了，豈不是一舉兩得？」

鋼筆點了點頭，用修改符號將作業本的病治好了。現在，作業本又可以像以前那樣為小主人服務了。

點評

作者的寫作手法十分巧妙，採用童話的形式，表現出現代學生作業中常出現的一些問題，並且含蓄地提出了作者自己的建議，措辭委婉，表述得體，把講道理這類枯燥的事娓娓道來，令人信服，易於接受，又不失童趣。

♥青春論壇♥

為魯迅喝采

張憶南

提到小說，我最不愛看的就是老舍、巴金和魯迅的作品。這是真的，發自肺腑的感言。在我心裡，老舍和巴金似乎有點「互相抄襲」。比如六年級時學的課文《養花》，是老舍的一篇短文。開頭就來了一句：「我愛花，也愛養花。」剛剛學過的《繁星》中巴金也在開頭寫道：「我愛月夜，也愛星天。」聽說朱自清似乎也用同樣的模式寫過東西。另外，老舍寫文章時語句簡單得令人發笑，平常人說10個字才能讓人明白的一句話，他往往縮去2/3，所以這篇《養花》讓我們當時的班導師頗為尷尬，舉手回答問題的全是對課文提出不滿，就連她最「寵愛」的班長也堂堂正正地在書上寫道：本文評價：差！！！！對於魯迅，就更不用說了，「廢話」一堆，還淨是錯別字，在這一點上，①同學們的感想同我一樣的百分之百。②於是便奇怪崇拜魯迅的為何有那麼多

精批

欲揚先抑的開頭確實讓人想往下讀。

學生的發現的確有趣。

病因①

「百分之百」使用不當。

處方

「同學們的感想同我完全一樣。」

病因②

語序混亂。

處方

改為「於是便奇怪崇拜魯迅的人為何有那麼多。」

病因③

用詞不當。「胸懷」不能「體會」。

處方

改為「看到」。

精批

此部分可刪去，否則有抄原作嫌疑。用自己的話簡要概括這幾句的內容即可。

<u>人</u>。後來，讓我改變看法的是那本新發的下學期的語文書。

在我學習第二課《一面》時，深深地被魯迅的為人打動了。他說的話，雖然不過那麼兩三句，卻處處體現了一種博大和慈愛。作者因為錢不夠買不起書，魯迅知道了，就說：「我賣給你，兩本，一塊錢。」從這句話中，我領悟到魯迅賣書並不是為了賺錢，而是為了激勵那些處在黑暗社會中的有志青年；從他對待別人時誠懇隨和的態度中，我③<u>體會</u>到了他的偉大胸懷！於是，我對魯迅肅然起敬，第二天，就到書店買了一本《魯迅經典小說選》，既然要了解魯迅，就先從他的作品開始吧……

魯迅的作品有一個共同的特點，就是通過故事中人物淒慘的命運來揭示當時社會的黑暗。讓我悟出這一點的是《吶喊》中的《兔和貓》，這看似單純描寫兔子一家其樂融融的生活的小說，卻巧妙地分析了人的陰暗面。通過兩隻剛出生的小兔悄無聲息地成為黑貓的美餐，從而引出「先前我住在會館裡，清早起身，只見大槐樹下散亂的鴿子毛，這明明是遭遇鷹吻的了，上午清潔工來一打掃，便什麼都不見，誰知道曾有一個生命斷送在這裡呢？我又曾路過西四牌樓，看見一匹小狗被馬車軋得快死，待回來時，什麼也不見了，搬掉了吧，

過往行人憧憧地走著，誰知道曾有一個生命斷送在這裡呢？」還有那無依無靠的祥林嫂，《肥皂》中討飯的「孝女」及其母親，「之乎者也」的孔乙己……就連那屢屢挨打、持「精神勝利法」卻欺負弱小的阿Q也是如此。那傻呵呵的阿Q，初看之下雖笑料百出，可細琢磨起來，他的一生給我們的啟迪又有多少呢？還有吃人血饅頭的華小栓、對砍頭圍觀說笑的群眾、和由烈士夏瑜身上所隱射的女中豪傑秋瑾，這一個個形象帶給我們的震撼使我們不能不說魯迅是一位勇敢、正直、喚醒人們沉睡之心的偉人！④那樣的思想深度，總是能引出人們無限的遐想……我們慶幸，在中國最最黑暗的時刻有魯迅這樣的人挺身而出，以筆代槍，向一切黑暗、腐朽的惡勢力發起挑戰，用自己的滿腔熱血點燃了一代又一代青年人心中的聖火。

　　為魯迅喝采！為他的勇敢、正直喝采！

病因④

表述不明，「遐想」用詞不當。

處　方

改為「他那深邃的思想，總是能引起人們無限的沉思。」

微差區

點評

　　這個小作者真夠厲害！開篇把名家放一塊兒批一頓，原來是為了下文的轉變——喝采！所以她很巧妙地運用了欲揚先抑的寫作手法，真夠吊人胃口的！全文很有深度。

　　文章第一段精彩，第三段內容的詳略和語言工整的表述方面再修改一下就更棒了。

163

水滴石穿

張楚博

水滴石穿這個成語故事講述的是崇陽縣縣官張乖崖斷案的故事。一天，他發現管理庫房的官吏偷了一個銅錢藏在頭巾中，於是命令用刑杖杖打。庫吏認爲一枚銅錢不算什麼，便說：「我只拿了一枚銅錢，有什麼了不起，你就打我！」縣官見他不認罪，而且態度又不好，一生氣就給他判了罪，在判決書上寫道：「一天偷一個銅錢，一千天就是一千個銅錢。用繩鋸木頭，木頭會被鋸斷；水滴石頭，石頭會被滴穿。」後人用這個成語比喻只要堅持不懈，聚集小的力量也能成就大的事業。

在我們的現實生活中，到處可見水滴石穿這樣的例子。

一隻螞蟻抬不起什麼太重的東西，但是上千隻螞蟻集中在一起，卻可以抬起比它們自身體重重許多倍的重物。一個人的力氣絕對要比一隻螞蟻的力氣大，但是上萬隻螞蟻的力量絕對比一個人的力量大，這說明團結就是力量。一滴水不足以把石頭滴穿，但是每一滴水滙聚

成河，日復一日，年復一年，絕對可以滴穿石頭，不是嗎？我們時常可以看到這種現象：在不斷滴水的石頭上有一個凹坑，隨著時間的流逝，這個凹坑將越來越深，總有一天，①它會把這塊石頭滴穿。這一現象啟發我們，只要不斷地努力，任何難事都可以攻破。學習科學文化知識也一樣，需要我們有水滴石穿的可貴精神。

病因①
表述不明，「它」指什麼。

處方
改為「水滴」。

精批
論點中可通過正反對比來進行論證。

點評

　　這是一篇比較精煉的議論文，思路比較清晰，開頭用成語故事來引出自己的中心論點，隨後用現實生活中的現象來論證中心論點，結尾進行總結和提升，得出「學習知識也需要水滴石穿的精神」，但是文中似乎缺少正反對比的事實論據，若能補充上這一點，文章的中心論點將更加鮮明、更有說服力！

微差區

由快樂聯想到的一系列問題

孫亦杰

你快樂嗎？你富有嗎？同樣是這兩個問題，問不同年齡段的人所得到的答案是不同的，因為他們所關注的不同。問不同性格的人，他們的回答也是不一樣的，因為每一個人的價值取向不同。

①此話題對於學生而言，那麼學生大多都回答不快樂。因為我們認為上學學習是一件枯燥的事情，自然不會快樂。至於是否富有，學生們便根據父母的月薪多少來回答。假如讓我們在快樂與富有之間選其一，那麼我敢肯定，只要不是家庭條件極其貧窮的學生，都會選擇快樂。畢竟，貪玩是孩子的天性，何況我們又不曾知道貧窮的滋味。

如果此話題的調查對象再上一層次──工作一族。那麼便複雜多樣了。這就關係到人的追求、理想、價值取向。對於躋身於商業界的人士來說，金錢就是他們最大的快樂。當他們談成一筆價值百萬元、千萬元，乃至幾百億的生意後，他們會無比興奮，那時他們是最快樂

的。當他們將錢如流水般地投向各大俱樂部，從而獲得享受，那時的他們也是快樂的。我想，這應該是boss們最大的快樂。跨國公司的CEO們雖然沒有像boss們一樣多的money，但畢竟仍是極其富有。對於他們來說，保住現在的職位便是最大的快樂。可是他們真的快樂嗎？他們雖然一年可能賺幾百億，然而你知道他們付出的代價是什麼嗎？那是一年365天不停地工作，沒有週末，沒有假期。他們根本沒有時間去②享受，掙到了許多的錢而沒有機會用它換來快樂，難道這不是一件悲哀的事情嗎？所以許許多多有頭腦之人不願走上這條商業之路。也許他們的工資只能維持生計而無多餘，但他們在工作中自得其樂，不也是一件快樂的事情嗎？古往今來，很多很多的藝術家都是這樣的。

在這個世界上，有不少人認為金錢就是快樂。然而有時候，金錢不一定就意味著快樂。我聽過這樣一個故事：有一個富商英年早逝，臨終前，他希望他的四個孩子可以捉幾隻蜻蜓。大兒子最先回來，他拿著一隻蜻蜓對爸爸說：「這隻蜻蜓是我用遙控車換來的。」不久，二兒子拿著兩隻蜻蜓回來了，他說：「我將遙控車租給了一個小朋友，再用掙來的錢租了兩隻蜻蜓來。」一會兒，三兒子也回來了，

病因②

語意不明。「享受」一詞所指的範圍很大，此處不加說明容易誤解。

處方

改為「享受生活」。

微差區

精批

用一個小故事說明金錢不等於快樂，淺顯易懂，而且富有趣味。

167

他拿著十隻蜻蜓。最後小兒子回來了，他兩手空空地對父親說：「我捉了半天也沒有捉到，便玩起了遙控車。要不是哥哥們都回來了，說不定我的賽車能撞上一隻落在地上的蜻蜓」。第二天，富商死了，孩子們發現了一張紙條，上面寫著：孩子們，我並不需要蜻蜓，我需要的是你們捉蜻蜓的快樂。的確，錢當然可以買到蜻蜓，但卻買不到捉蜻蜓的快樂。生命的快樂，在於結果還是過程？

③快樂是養生之道的秘訣。因為藥補不如食補，食補不如神補。不言而喻，不好的心境最能使人短命。快樂就是健康，抑鬱就是病魔。貪心圖發財，短命多禍災。心地善良、胸襟開闊等良好的心情，則是健康長壽之本。

病因③

語意重複，「養生之道」的「道」就是方法的意思，和後面的「秘訣」部分意思重複。

處方

刪去「之道」。

點評

對於一個十四、五歲的中學生來說，能把金錢與快樂的關係分析得如此透徹是非常難能可貴的，小作者從學生看待「快樂」和「富有」入手，聯想到上層社會的公司老板們，對於他們那種掙錢為最大的快樂取鄙夷的態度，認為他們是不懂得生活的人，最後點出自己的觀點，認為「心地善良、心胸開闊等良好的心情」才是最快樂、最富有。可見小作者已很好地把握住了精神與物質的關係。

追求的人生是美麗的

王蕾

追求，像一艘船，負載著人們在生活的海洋中前進。失去了追求，人生就如航船失去了燈塔，變得黯淡而盲無目的。

屠格涅夫的《門檻》中的俄羅斯女郎，面對黑夜、飢餓、寒冷甚至死亡，毫不畏懼，為的只是跨進門檻，尋求真理。①這是一位真正的追求者，百折不撓。對他們來說，人生的意義不僅停留在追求的目標上，更在於追求本身。有誰能說，那些「壯志未酬身先死」的勇士們的人生是灰色的？有誰能去嘲笑那些在不斷追求中無數次跌倒的有勇氣的壯士呢？

追求是人的精神世界不斷發展、完善的過程。人類能從原始森林中走出來，從愚昧無知中走出來，是因為發現了自我，從而不斷追求的結果。從猿人變為現代人，營造出現代文明，②不正是追求所塑造完美的嗎？偉大的革命先驅者孫中山先生一生追求救國救民的真理，不斷探求，不斷否定，不斷完善，雖然他無法改變中國當時的半封建半殖民地狀況，但

病因①

句子不完整。「追求」什麼，為了什麼百折不撓，沒有敘述清楚。

處方

在「百折不撓」前加上「為了自己的理想」。

病因②

「所」字結構應用不當。

處方

去掉「所……的。」

微差區

他所提出的「三民主義」使他不斷追求的人生熠熠生輝。只有不斷追求，生命才會燃燒，不會腐朽；只有不斷追求，人生才會美麗，不會醜陋；只有不斷追求，社會才會進步，不會停滯。

追求也是一個考驗意志的過程。沒有人能保證一生中永遠不跌倒摔跤。有的人跌倒了，便放棄了，於是他與途中的美景③錯失了；有的人跌倒了，卻又站起來，雖然他暫時受到了挫折，但他永不放棄，依然追上去。雖然一時錯過了美景，但與美景越來越近。羅伯特·布魯斯將軍經歷了六次敗仗後沒有放棄，仍爬起來不斷追求成功，終於在第七次戰鬥中打敗了敵人。意大利偉大的思想家布魯諾在宗教被奉為神明的中世紀，仍然頂著巨大壓力堅持太陽中心說，宗教以殘酷的火刑懲罰他，他臨刑前說：「火並不能把我征服，未來的世紀會了解、知道我的價值。」布魯諾以他堅韌的意志承受住了火的考驗，使他的人生猶如火中鳳凰一般美麗。

最後，讓我把拜倫的一句話獻給大家：「無論頭上是怎樣的天空，我將承受任何風暴。」這是追求者的誓言，也應是我們每個人的信念，更是美麗人生的請柬！

點評 ✏️

文章開始，用兩個比喻突出了追求的作用，又引用《門檻》對追求的精神給予讚揚。議論文並不排斥抒情，抒情有助於議論充滿感人的風采。這樣的開頭，有利於扣響讀者的心弦，引起讀者的共鳴。

但文章如果到此便收筆，則會缺乏深度。所以，作者用「追求是人的精神世界不斷發展、完善的過程」和「追求也是一個考驗意志的過程」兩個段落，進一步闡述追求的內涵。闡述時，跨越時空的典型事例為上述兩個觀點做了生動的詮釋。

畫龍點睛式的引用，和比喻句、反問句等句式的恰當安排，也是這篇文章使人愛讀的重要原因。

微差區

❦我讀我看❦

◆讀《十四歲的九局下半》有感

周婧怡

什麼是九局下半呢？

一場棒球比賽有九局，九局下半是整場好幾個鐘頭比賽的最後一搏。當我看到這個題目時，心中有些疑惑，九局下半，什麼意思？但「十四歲」讓我覺得文章的親切與熟悉。是啊，十四歲，在我們每一個十四歲的①人們看來都是特別的，即使他並不特別。

「一直以為自己有揮霍不完的青春，未來的路還長得似乎走不到頭，直到那天，同學看著剛入學的初一新生，感嘆地說『我們都老了』時，我才忽然醒悟，我已經上初二了，在這個校園裡已經有人可以管我喊學姐了。」

哇！剛開始讀，就發覺原來每一個和我們同齡的人都有同感呢！

十四歲，九局下半，是啊，對於我也好，對每一個十四歲的少年人也好，②或者是任何年齡的人也好，我們已經開始了「九局下

病因①

用詞不當。「每一個」與「人們」矛盾。

處方

可改為「少年」。

病因②

語意不對。「我們」不包括「任何年齡的人」。

處方

刪去。

半」，2006即將到來，我們要最後一搏。讓這個寒風勁吹的冬日十二月裡充滿我們努力奮進的足跡，不要讓這一歲白白地過去了！

作者禾火，一個個性十足的女孩，在她的初二生活中，處處都是精彩和激烈的場面。從剛剛開學時的運動會，奮力奔跑在一千五百公尺的跑道上而後癱倒在地；到上課不認真，半夜裡猛K作業，考試考得頭暈腦漲，被老師臭罵；再到與朋友外出，陰差陽錯，好友出了車禍，失去記憶，再也無法認識她；再到她聽到這首《九局下半》有了新的生活感悟……

一切的一切都讓人意想不到。無論是作者，還是我們。的確，處於③現在的我們，生活千變萬化，不經意間就會出現點兒差錯。這一點，許多同學都深有體會，生活也許今天還很美好，明天老天就扔塊石頭④壓死你不可！衝動，激情，渴望……總結成一個詞，就是——折騰。如果我們長大了，回頭再看曾經做過的這些事，也許只會啞然失笑。有些也許無意義，但卻不可避免，否則青春就不那麼特別了！

看到《十四歲的九局下半》，走到十四歲的九局下半，生活在十四歲的九局下半，我，回想我的十四歲，起起伏伏，百感交集，無論怎樣卻仍然覺得很有意思。儘管很多很多的事

病因③

語意不明。「現在」具體指什麼呢？

處方

改為「現代社會」。

病因④

「死」感情色彩不好。

處方

可改為「壓得你喘不過氣來」。

微恙區

173

我們並不願意發生，那些不盡如人意的，或完全出人意料的事雖然不斷，然而，現在並不那麼不舒服。世界在變，社會在變，事啊、人啊，當然也會變，這些都是自然現象。⑤還有太陽雨呢！那麼快樂和悲傷就可以並存，青春就是可以讓N個感情並存的年代！十四歲的九局下半，我仍要好好搏下去，就算有再多的風雨，也要讓特別的十四歲有一圓滿的結局，讓2005年有一個圓滿的結束！讓我這一年的努力成為最最甘甜的果實，有快樂和動力讓我們衝向2006！

相信，十四歲的九局下半會非常精彩！

我也相信，明天，未來，十四歲以後會更加絢爛，更令人難忘，更有意義！

病因⑤

表述不準確。什麼叫有太陽雨？沒有敘述清楚。

處方

改為「有太陽的時候，天上還會下太陽雨呢！」

點評

　　小作者看過《十四歲的九局下半》這本描寫青春少年精彩生活的同齡人的書後，聯想到自己的生活並激勵正處在這個年齡段的青少年們為自己的十四歲畫上一個圓滿的句號，然後再以飽滿的熱情去迎接未來。文章真實地記錄了小作者的內心感受並且符合現代中學生的特點，一定會引起他們的共鳴。

觀《天堂的孩子》有感

趙一昕

國文課上我們全班同學一起觀看了伊朗電影《天堂的孩子》。這部影片使我感受頗深。

故事講述的是貧民窟的一個生活貧困的家庭,哥哥阿里和妹妹莎拉與父母相依為命。一次,阿里修完莎拉的鞋後,在回家的途中丟失了妹妹最心愛的一雙鞋。為了不讓爸媽知道,阿里每天放學後都快速地奔跑,到小巷裡與莎拉換鞋穿。這樣,他們都行色匆匆地奔跑著,無形中阿里有了驚人的跑步速度。①在一次第三名有一雙球鞋的誘惑下的5公里長跑比賽中,他以自己毅力取得了第一名的好成績。

在影片中,曲折的故事情節使我的內心一次又一次地受到極大的震撼。其中,當莎拉嫌阿里的球鞋太髒時,他們決定一起把它洗乾淨。他們用洗衣粉搓洗著,後來把洗衣粉沫吹起來,就形成了一個個漂亮的大的泡泡,在他們身邊飛舞,他們笑著、吹著,開心極了。但是,一個個美麗的泡泡在碰到堅硬的地面、水管時,碎了,消失不見了,於是,他們不得不

病因①

句式雜糅,短句中嵌入的成分太多,造成理解上的困難。

處方

改為「在一次5公里長跑比賽中,第三名可以獲得一雙球鞋,在此誘惑之下」。

微差區

精批

少年童真的心，以及追求快樂的天性通過貧苦生活場景表現出來，給人格外的震撼力量。

病因②

缺少「條件」，致使語句表達絕對化，不符合實際。

處方

在句首補充「相對之下」。

回到殘酷的現實生活中去。

通過這部影片，我體會到了阿里與莎拉之間深厚、純真的兄妹之情。但更多的是無情和殘酷的生活帶給他們的苦難，連一雙鞋，他們都沒有錢去買。

而生活在優越的條件中的我們，也會為了一雙鞋堅持不懈地去努力得到它嗎？②我們擁有的東西太多、太多了，多得讓我們覺得它們根本微不足道。

而這時，在世界的某一個角落裡，一定會有一個人在為這種你認為微不足道的東西而省吃儉用，努力奮鬥地去爭取。

因為他需要。他不需要別人施捨，他可以通過自己的努力得到，不管未來怎樣……

點評

> 這是一篇觀後感。
>
> 小作者準確地把握了影片的主要內容，正確理解了這部影片要表達的主題：深厚、純真的兄妹之情。
>
> 本文的特色如下：
>
> 不僅能概括敘述影片的主要內容，而且將打動小作者的情節用準確、生動的語言描述下來，讓讀者深刻地理解影片的主題。
>
> 更難能可貴的是，小作者還看出了影片深層次的含

義：在世界的某一個角落裡，有一個人不需要別人施捨，可以通過自己的努力去得到他想要的一切。這對於一個初二年級的學生來說是很可貴的，說明她是一個勤於思考的學生。

觀《螢火蟲之墓》有感

宮雲燁

這是一部令人感動的影片，也是一部值得深思的影片，更是一部讓人細細回味的影片，雖然這只是一部動畫片。

剛剛看到片頭小女孩節子那天真頑皮的面龐，就不難感受到日本漫畫大師宮崎那熟悉而又獨特的繪畫風格，樸素而又純真，彷彿黑夜中閃爍的螢火蟲。

這部影片以第二次世界大戰為背景，講述了兄妹二人因戰爭痛失雙親，無家可歸，因不願在親戚家遭受白眼，毅然搬到了山洞中居住，最終因飢餓與疾病雙雙死去，令人唏噓。

這是一部令人悲傷的影片，因為它有一個沉重的調子，從開頭就出現並貫穿全篇——暗黑與深紅的底色，戰機的轟鳴，很容易讓人聯

精批

此段放在後面的詳細描寫中更為合適，又因後面出現類似的情節，所以刪去為好。

微差區

177

想到戰爭，血腥與死亡。然而作為本片的一個線索，在黑夜中閃爍著光芒的螢火蟲，縱然渺小，卻也有征服黑暗的力量，如同小女孩節子那份天使般的純真，更如同人們對於和平的企盼。影片以倒敘的方式緩緩前行，記敘了兄妹二人一同度過的時光，其中有二人一同玩耍所度過的天真的日子，卻又從每一個細節體現戰爭的殘酷。相對比之下，我們發現了一些戰爭無法磨滅的東西：比如兄妹無家可歸，寄人籬下還常吃不飽，受白眼卻仍能一起到海邊玩耍，這份快樂無法磨滅；二人住在山洞裡，無衣無食，飢寒交迫卻仍然一起享受捉螢火蟲的樂趣，這份童真無法磨滅。同時也看到了戰爭對人的改變：當一向懂事的哥哥去偷東西時，我們發現他的笑容不再燦爛，甚至邪惡，這是純真被磨滅；親戚逼走兄妹，了無同情卻還逃避著責任，這是人性被磨滅。

雖然這是一部看似簡單的反戰影片，卻不像一般動畫片那樣幼稚單純，因為這是作者在用畫筆描繪內心，複雜而又深刻。

點評

此文為一篇觀後感，能從「讀」——「議」入手，用簡潔的語言概括故事情節後，提出自己的觀點，圍繞主題作深刻的分析，最後作結。不足之處在於缺少與現實之間的聯想，因此全文只停留在了對寫作的認識上。

中學生作文診所
分類作文

健康區

🌿 人物畫廊 🌿

寫作指導

　　生活五彩繽紛，生活中的人千姿百態。寫人的文章，就是要通過描述人物的語言和行為，表現他的思想、情感和個性特徵，使他栩栩如生，躍然紙上。這裡首先要注意選好寫人的材料。人物的個性品質、精神風貌是在行動中表現出來的。人物活動的材料，可以有完整的故事情節，也可以是一個細節，一幕場景，一節片斷；材料的取捨，應取決於能否表現人物的性格、思想。其次，要從不同的角度生動地體現人物的思想品格。

　　一、以形傳神，寫出人物的特點。外貌描寫，又叫肖像描寫，指對人物容貌、神情、姿態、服飾的描寫。一般應突出人物的精神風貌，著重寫出人物的個性特徵；抓住特點進行描寫，能從動態中表現人物特點；注意描寫順序。

　　二、用描寫行動來表現人物性格。人的思想、情感往往通過人物的外部行動顯露出來，一個行為動作的描寫，就可能使人物有性格；每一個動作清楚、有力地表現出人物的某一點，整個人物形象就會很鮮明、活潑。

　　三、言為心聲，要重視語言描寫。人物語言是人物思想感情的直接流露，往往鮮明地體現人物的性格特徵。要讓人物說自己該說的話；要經過一定的加工；要和表情、動作描

寫結合起來，聲情並茂。

　　四、**敞開人物的心靈世界**。人物的外部行為是人物心理的反映。刻畫好人物心理，對寫好人物至關重要。可以採用以下方式：獨白式，讓人物直接傾吐自己內心的想法、感受；描述式，以第三人稱間接地描述人物的心理，通過描寫景物或人物的行動、神態間接表現人物的心理。

　　五、**注意細節描寫的作用**。細節描寫是對人物某個細微地方所作的描寫，可以是人物的一顰一笑、一舉一動；也可以是人物活動環境中的一草一木、一來一往。細節描寫真實具體，寫來形象逼真，個性鮮明，包孕豐富，是表現人物性格的有效手段。

自我寫真

我也是美女

陳海燕

　　鏡子再照也照不出玉環飛燕來，唉，淡妝濃抹總不宜！「我真是那麼醜嗎？」這個念頭一出現，連自己都嚇了一跳。「不會吧，一定是這面鏡子的問題。」於是，平下心來仔細琢磨這面鏡子，翻來覆去只發現小鏡子圓圓的、滑滑的，還閃著光——比我都美！

　　不甘心！索性按響了朋友家的門鈴。「叮鈴鈴叮鈴鈴！」「按這麼響幹嘛？」朋友風風火火撞出，「十萬火急？」「嗯……嗯……嗯」「啞了？嗯什麼嗯？有話就講嘛，死丫頭，吊我胃口！」「我——我是不是長得——好醜？」好久，我才慢吞吞吐出了這幾個字。「……」朋友的口張得大大的，臉彎成了一個「？」，她筆直地站在那裡——呆了。「哎呀，你回答我嘛！」我還難得淑女般的「羞澀」，她居然沉默是金，我只好又緊緊追問。「噢，噢，」朋友好久才愣過神來，繼而一屁股跌坐在沙發上，「我還以為發生了天大的事呢！」

　　真急人！這麼久都不切入正題！「我問你話！」「問什麼？」朋友似笑非笑，摸了摸我的額頭，「今兒個沒有感冒

吧？」「關感冒什麼事？」朋友眨了眨眼睛，俏皮地笑了。看來她是不會「供出實情」了，我沮喪之至，猛然如發現了新大陸，我死死盯著她的眼睛。朋友被我「炯炯」的目光逼得連連後退：「哎哎，幹嘛？」我一聲不吭，她驚慌地摸了摸自己的臉，又揉了揉眼睛，推開我就跑回臥室照鏡子去了。

　　唉，罷，其實出問題的該是我──如此澄澈的眼波中映著我一張平平凡凡近乎醜的面孔，簡直大煞風景！還是回去罷，我一步步搖頭嘆息：「她的眼睛總沒錯。」

　　走在大街上，美女林立，每張皮膚都白而紅潤，柳葉眉，雙眼皮，高鼻梁……我真是自慚形穢！好不容易熬到家門口，門口不知又被哪個「掃把星」貼了張廣告畫──活脫脫又是個大美女！氣死我也！伸手就抓，殺殺殺！！！剛撕到「××化妝品」三字，我手停住了，對呀？隔壁阿芳姐不是放了些化妝品在媽媽那兒嗎？我趕緊溜進了媽媽的房間，背對鏡子撲粉、描眉、塗口紅……哈！大功告成！樂滋滋地閉目轉過去，one、two、three，我很小心地睜開了眼睛：「啊！」撲通倒地！噁心！裡面還是人嗎？這幅尊容我一生一世都銘心刻骨啦！

　　「面壁思過！」我盤退而坐於床頭，雙掌合十，誠心請求神仙大發慈悲賜我美的容顏。

　　半小時──一個半小時──兩小時，哇噻，好難受！腰酸腿痛肚子餓，真無聊！走啊，外面曬太陽去，吃東西去！「白雪公主」也好，「骨感美女」也好，統統不要了！還是做回過去那個快快樂樂純真可愛的好女孩吧，照鏡子，我就是我！空前絕後，舉世無雙！

　　走在大街上，我頭抬得高高的，我也是美女呢！——一個有著美好心靈的女孩！我要做好自己，做好女孩，做好這個自然和諧的美女！

點評

　　本文通過「我」一系列心理活動的描述後，「我」終於拋開「包裝」，明白了「自然美才是真正的美」的道理。做好這個自然和諧的美女。全文用語詼諧，內容亦足以發人深省。

我本平凡

蔡晶晶

　　漫步在熙熙攘攘的大街上，當花季少女綽約的丰姿躍入你的視野，飄舞的衣裙模糊了你的視線之後，你或許不會注意到，在這茫茫人海、芸芸眾生之中，有著一個擁有太多平凡的我。

　　我沒有那清純可人的亮麗外貌，沒有婀娜多姿的苗條身材，也沒有那明眸善睞的明目，自然也不會顧盼生輝，更不會「回眸一笑百媚生」。我的笑容雖被人恭維過，但我深知那只不過是同「病」相憐的好友的善意安慰而已。然而正因為我平凡，我便少了漂亮女孩的倨傲自矜和過分的矯揉造

作，卻多了一份平易近人的隨和與發自內心的真誠。倩女們整日生活在我輩視爲樊籬的別人的包圍圈裡，一顰一笑備受關注，不免活得很累。普通不出眾的我，卻不受任何羈絆，過著閒雲野鶴的舒適生活。

我不美，但我絕不會因此而去做一張假臉，整日對鏡描眉畫眼，搔首弄姿；我不美，但我並不會因此而埋怨造物主的不公平，整天自怨自艾，憤世嫉俗，放浪形骸。在烈日炎炎的夏日裡，我也穿著一襲藕色長裙，雖說不上娉娉婷婷，卻也不失飄逸瀟灑；在寒風凍雨的冬日裡，我也會穿一件大紅風衣，雖談不上光彩照人，卻也爲生命塗抹上一縷亮色。我不美，但我不會因此而自卑。在聯歡晚會上，我絕不會獨處一隅，而會落落大方地登台獻藝。因爲我自信，我的朗誦雖說不上激昂慷慨，卻也聲情並茂；我的歌喉雖談不上燕啁鶯啼，卻也委婉動聽。我雖羨慕那些嫻靜的古代仕女，卻並不信奉「沉默是金」的至理名言。在月朗星稀的夜晚，我也會與好友席地而坐，侃侃而談，從弗洛伊德的哲學觀到盧梭的《懺悔錄》，從國際風雲變幻到NBA的「飛人」喬丹復出，於是我們共同度過了一個個美好的夜晚。

古人曰：「海納百川，有容乃大。」我雖算不上是「簡約其外，雋永其中」，但也願以自己磊落的胸懷和包容一切的笑，擁抱每一次初升的太陽。既然不可能每一個人都成爲太陽，那就讓我做一輪月亮吧，哪怕只是一彎殘月，雖孤寂黯淡，卻將自己的清輝一瀉無餘地奉獻給世人，照亮荊棘叢生的漫漫征程。

我本平凡，但不平庸。

點評

　　全文以「平凡」和「不平庸」為兩條線索，從相貌、穿著、性格、愛好等不同角度，展示了自己的特點，讓讀者認識了一個鮮明、生動、活潑且有著美好心靈的女孩形象。文筆輕靈而流暢，句式整齊又不呆板，通篇運用了大量的轉折複句的句式，構成多組內容上對比、形式上對稱的句子，收到了很好的效果。

親人像冊

比我大九分鐘的哥哥

楊柳

　　沒有人比我更了解他了。我們倆同吃同住同學習。他這個比我大九分鐘的哥哥，表面上和其他男孩一樣，平平常常，毛手毛腳。但跟他接觸久了，發現他還真有不同凡響的地方。

　　哥哥愛好軍事科學，特別對武器研究更是細緻入微。有一次去爸爸的圖書館借書，哥哥在頭一個字為「軍」字的書籍中找了一下午，記下書目一大篇，可就一個借書證，怎麼辦呢？只好忍痛割愛，最後借了三本比辭典還厚的書。他拿著兩本，我拿著一本，累得大汗淋淋，他卻得意洋洋，真讓我哭笑不得。回到家，他一頭鑽進書裡，一邊看一邊嘮叨，高興時眉飛色舞，喪氣時一聲不吭，那樣子天塌了也不管。朋友來玩，見我忙著幹活，奇怪地問：「你哥呢？」

　　「賣了！」

　　「賣了？」

　　「賣給《軍事科學》雜誌社了。」我沒好氣地說。話音剛落，就聽屋裡哥哥大叫一聲：「太棒了！」真拿他沒辦法。

健康區

　　這還不算什麼，更讓人笑掉大牙的事還多著呢。有一次，媽媽津津有味地看著《中國青年服裝大賽》，我在一旁指手畫腳地出主意。哥哥有些坐不住了，拿著一張紙在上面勾畫。我一瞧，他今天畫的不像是飛機。

　　他搖頭晃腦地說：「瞧，這就是我設計的最新款式──飛機連衣裙。」把我和媽媽樂得差點笑破肚皮。這裙子誰要穿，走在大街上人家準以為是外星人來了呢！

　　哥哥時常出點兒「歪門邪道」。一次為了做一架飛機模型，竟然把電動坦克給拆了，取出發動機，在屋裡手忙腳亂地幹了一天，終於製成一架飛機，興高采烈地拿給我看。機身是流線型的，機翼成三角狀，還很漂亮。可惜在空中沒轉幾圈，就一頭栽了下來。哥哥「萬分悲痛」地撿起這架飛機，似乎在為他的傑作默哀。後來，發動機再也安不到坦克上，一輛昂貴的電動坦克就這樣報銷了。

　　哥哥並未因此而喪氣，依然從多方面學習有關知識。有一回看電影《倫敦上空的鷹》，故事中多次出現殲擊機、轟炸機……美得哥哥心花怒放，一邊看一邊念著飛機的名稱：「鬼怪」、「幻影」……一個名字比一個名字嚇人。我就說，他的嘴巴比影片中的戰鬥還激烈，難怪他們同學管他叫「戰爭販子」。

　　天長日久，我也被他「感染」了，時常幫他搜集些新式飛機、坦克的圖片。每當他拿到這些東西，就會樂得一蹦三尺高！

作者抓住了主人翁愛好軍事這一特點進行多方面描寫，主題集中，選取的材料有典型意義；敘述事件有詳有略，尤其是對人物表情、動作的描寫；語言風趣、生動，行文流暢。

「外星人」老爸

殷雄

　　一點兒也不像外星人的老爸，是個徹頭徹尾的地球男子漢。可他常將大院裡的小弟弟、小妹妹騙得一驚一乍，自己卻躲在一邊偷笑。直到昨天，4歲的小蓓伊還到我家看那隻被老爸稱為從月球上捉來的只有蜜蜂大小的鸚鵡寶寶，當然又一回落空。然而，老爸振振有詞地說：「它回到鸚鵡托兒所去了。」

　　記得童年時，老爸指著女科學家吳健雄的照片說：「這是你姑姑。」又指著另一張照片說：「這是你叔叔托馬斯·韋勒，他曾經獲得過諾貝爾生理醫學獎……」單純的我對這些「親人」滿懷敬意，心想，家族裡竟有這麼多大人物。對於「親人」們的成就，我當然多了一份親近與關注，自家人不懂自家事，那還得了！當得知發現宇宙黑體輻射並由此獲

得諾貝爾獎的人，是我的伯伯彭齊西斯時，驚訝之餘，我埋頭認真細看爸爸找來的關於彭齊西斯的文章。雖然文章我不全懂，但心想這可是大學問。爸爸在一旁抿嘴直樂，得意洋洋地說：「我哥哥怎麼樣？」我欽佩萬分地點頭：「伯伯了不起！」

學校開設英語課了，部分同學曾自學過，已會用英文自我介紹，而我連26個字母都記不全，壓力挺大的。一次吃午飯，老爸正兒八經地對我說：「有個秘密，不想再瞞你了，我們家族是從霧都倫敦遷過來的，英語其實是我們的母語。」我聽了，驚得筷子差點兒卡在喉嚨裡，睜大眼睛，說：「騙人！」「真的，從我們房間的窗戶可以看見緩緩流淌的泰晤士河呢！」接著，老爸繪聲繪色地描繪起來。整個午飯簡直是在「吃」老爸的幸福回憶。我真恨不得回老家去看看。老爸還說：「為了紀念從英倫三島遷出，我們家族就姓殷了。」我也恍然大悟：「原來如此，怪不得全年級只有我一人姓殷，原來我是從英國遷來。」看來，學不好母語，難還故鄉。從此我對英語的感情倍增。

最可笑的是那次，我捂著咕咕叫的肚子回家，推門一看，桌上少了平時早已弄好的香噴噴的飯菜，就嚷著：「媽媽呢？」老爸不知從哪兒鑽出來，狡猾地笑著：「她呀，長了兩隻大翅膀，變成天鵝從窗口飛走了。」

老爸走到窗邊學飛翔的樣子很滑稽。但我肚子咕咕叫，媽媽飛走了，哪裡笑得出來。老爸又語出驚人：「我不是你爸爸。」我不禁一愣，用手去摸他的額頭，看他是不是發燒燒糊塗了。老爸接著說：「你們地球人，特別是小孩兒，是

不容易看出來的，因為我是照你爸的模樣變的，差別微小。」我一聽把眼睛睜得老大上上下下地打量起來，連頭髮都恨不得一根根拉起來，用放大鏡看。我越看越不對勁兒，真的好像有微小的差別：眉毛淡了一點兒，眼睛大了一點兒，鼻子低了一點兒。此時，他非常嚴肅，一字一句說：「你爸被抓走了，我是外星人。」

「哇！」我大叫一聲，飛快地跑出門，將這位「外星來客」反鎖在屋裡。邊下樓梯，腦海裡邊閃過曾經看過的外星來客的種種畫面，是抓地球人做實驗？是……誰知迎面碰見媽媽上樓來，手裡拎著昨天我點的最愛吃的水餃、燒餅。我來不及問她變天鵝這件事，對付外星人要緊，可是媽媽不信我的報告，逕直去開門。「外星人」老爸正在沙發上笑得前仰後合，笑得肚皮都快速地起伏著，天哪！

老爸的「假話」說多了，對我竟產生了影響，連睡覺都遇見外星人。一日，老爸發現我竟獨自在床上樂不可支，又踢又打，甚感奇怪，把我叫醒盤問。我就講起我在夢中的「英雄」行動。剛一講完，老爸拍案而起：

「好，寫出來，投稿。」我的夢中大戰外星人的作文就此誕生了。後來，該文在《小星星報》上發表，還獲了獎。我欣喜之餘，心想，還真虧了「外星人」老爸呢！

中學生作文診所
分類作文

點評

　　小作者給「老爸」下定義爲「外星人」。爲何？讀罷全文方恍然大悟：原來這是一個充滿了想像力、幽默感並擅長因勢利導的教育方法的智慧博學的「老爸」。「外星人」的定義，不過是小作者將「爸爸」與眾不同的特質渲染到極致的歸結。

　　《「外星人」老爸》一文之所以讀來令人過目不忘、嘖嘖稱奇，應當得益於小作者在「老爸」奇異的教育方式下所練就的感知力和創造力。與此同時，本文還留給我們一個思考：什麼樣的教育方法才更有利於培養孩子的創造力？

延伸閱讀

曾參：齧指痛心

　　曾參，字子輿，春秋時期魯國人，孔子的得意弟子。人稱「曾子」，以孝著稱。少年時家貧，常入山打柴。一日家裡來了客人，母親不知所措，就用牙咬自己的手指。曾參忽然覺得心疼，知道母親在呼喚自己，便背著柴迅速返回家中，跪問緣故。母親說：「有客人忽然到來，我咬手指讓你回來。」曾參於是接見客人，以禮相待。曾參學識淵博，他

提出「吾日三省吾身」的修養方法，相傳他著述有《大學》、《孝經》等儒家經典，後世儒家尊他爲「宗聖」。

子路百里負米

仲由，字子路、季路，春秋時期魯國人，孔子的得意弟子，性格直率勇敢，十分孝順。早年家中貧窮，自己常常採野菜做飯食，卻從百里之外負米回家侍奉雙親。父母死後，他做了大官，奉命到楚國去，隨從的車馬有百乘之眾，帶的糧食有萬鐘之多。坐在疊疊的錦褥上，吃著豐盛的筵席，他常常懷念雙親，慨嘆說：「即使我想吃野菜，爲父母去負米，哪裡能夠再得呢？」孔子讚揚說：「你侍奉父母可以說是生時盡力，死後思念哪！」

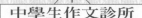

師生之間

實習老師

曾妍

　　「請問，可以教我做第七套廣播體操嗎？」課間操時間快要到時，我們的實習老師以一個非常誠懇的提問亮相了。

　　同學們都笑了。

　　「不要笑，孔子曰：『三人行，必有我師焉。』在做操上，你們確實是我的老師。」大家笑得更厲害了。

　　我的笑聲中夾雜著一種莫名的失望，因爲當主任透露有位教語文的實習老師要來我們班時，我想像中的實習老師是個女孩——一個亭亭玉立的大女孩：清澈的眼眸像西湖水一樣明淨，秀麗的眉毛像雙燕飛過長江的划痕，端莊的嘴像棲霞山上的紅葉，還有飛瀑一樣的黑髮……但眼前的這位老師卻是個男的，高大的個子，魁梧的身材，一副學者氣。

　　世界上的事兒眞是難以預料，接下去，我發現自己大錯而特錯了。

　　「唐代有一位最偉大的詩人，他叫杜甫。我呀，非常崇拜杜甫，就學了他一樣東西。你們知道是什麼嗎？」他微笑著問我們。

　　看著大家百思不得其解的樣子，他晃著腦袋說：「我學

著杜甫姓了一回『杜』，以後大家就叫我杜老師好了。」

同學們都笑得前仰後合，我也被逗得開懷大笑。

「請問你姓什麼呀？」杜老師竟然是在問我。「我姓曾！」我趕忙回答。「喲，你跟唐宋八大家的曾鞏同姓，我們應當是文學上的朋友嘛！以後我希望和每一個同學都成為朋友。」他風趣地說道。「你姓什麼呀？」杜老師又指著我們班上的一個男同學問道。「我姓李，叫李偉。」「啊，我總算找到李白的後代了。咱們倆的祖先可是一對好朋友呀！」話音剛落，我們大家都笑得上氣不接下氣，杜老師自己也開心地笑了。

杜老師給我們講的是《小桔燈》這篇課文，當他講到製作小桔燈的情節時，我忽然說：「杜老師，您能給我們做一個小桔燈嗎？」我滿以為這個問題會使他不知所措，可是我又估計錯了。他像變戲法似的不知從哪兒拿出一個大紅桔子，又從口袋裡取出小刀、針線。他先用小刀削去上面一層桔皮，問我：「這是幹什麼？」「削桔皮。」我不假思索地回答。他拿起粉筆把「削」字寫在黑板上。這樣如法炮製，黑板上又出現了「揉」、「捏」、「穿」、「挑」等字，並用紅箭頭將它們連接起來。他又在做好的小桔燈裡放進一個蠟頭，點燃了，向我走來，把它當做禮物送給了我……

杜老師坦然自若的姿態，標準而又流利的普通話，形象化的教學方法，使我從心裡喜歡他、佩服他。如今，我自忖：這個實習老師蠻棒呀！

健康區

點評

　　本文以「我」與「實習老師」交往中的情感變化為線索，成功地刻畫了一個熱愛教育事業、熱愛學生的教師形象。

　　人物形象的塑造主要借助於精彩的人物描寫手法，如師生之間風趣的對話描寫，「實習老師」的動作描寫，以及「我」的心理描寫等。

我的物理老師

劉瑩

　　你走進我們的學校，如果看到一位大個子、小眼睛、一臉「陽光燦爛」的中年男教師，那就一定是我的物理老師——蔣老師了。

　　蔣老師的那張笑臉，酷似小朋友畫筆下的太陽公公，我們覺得好親切！

　　在課堂上，蔣老師總是面帶微笑地教我們解題，每當我們遇上難題時，他總是一邊在黑板上演示解題的過程，一邊口裡念叨著他的那句「名言」——「大的困難是沒有的」，我們馬上接下句——「小的困難是可以克服的！」「沒有困難！你們看這道題不就解決了嗎？」蔣老師的眼睛笑得瞇成

一條月牙兒，「所以啊，面對困難我們要藐視它，才能夠克服它！」說完他又發出了爽朗的笑聲。我不禁驚嘆，一道難題就這樣在他手裡解開了。

　　以後每當我遇到挫折時，總是學著蔣老師的樣子，口裡念叨著他的那句「名言」：「大的困難是沒有的……」

　　蔣老師在我們因為淘氣而犯錯時，所採用的也是一種很獨特的方式，被同學們誇張地戲稱為「笑裡藏刀」。

　　記得那一次，我們學磁場的時候，坐在前排的一位男同學總是頑皮地伸長了脖子去吹放在講台邊上的指南針。蔣老師二話沒說，拿起指南針，兩步跨到那個同學面前，把指南針放在他的課桌上，笑瞇瞇地說：「你喜歡吹，那你就使勁兒吹吧！」他的那個「使勁兒」逗得我們大笑起來。他呢？也仍是一臉笑容。蔣老師一邊慢步踱回講台，一邊給我們講了一個故事：「我小的時候，最愛哭；我媽媽呢，也從來不哄勸我。我每次一哭，她就拿來一個很大的盆子對我說：『你哭呀，哭到眼淚把這個盆子裝滿為止。』我想這什麼時候才能裝滿呀！所以我馬上就不哭了。」說完之後就望了望那個同學又「嘿嘿」地笑了。笑得那麼天真，就像一個孩子。

　　和蔣老師在一起的時候總是快樂的，不論是上課，還是下課。他與我們既是師生更是朋友。他的快樂感染了我，所以我總能用微笑去面對生命的每一刻。

點評

> 　　文章抓住老師「笑」這一特徵來寫，突出了「笑得天真，像個孩子」，通過兩件事，使讀者看到一個和藹、親切、平易近人的老師形象，自然也流露出對老師的喜愛之情。同時，也正是「笑」，使作者受到感染，「用微笑去面對生命的每一刻」，中心得到昇華。

延伸閱讀

程門立雪

　　宋代有個叫楊時的人，是理學家程頤的學生，他40多歲時到洛陽去拜見程頤，當他與另一位同學來到程頤家的時候，天下起了大雪，程頤正在睡午覺，他們就站在門外靜靜地等候，直到程頤醒來，這時雪已經下了一尺多深，這就是流傳至今的「程門立雪」的故事。

芸芸眾生

今天的交通警
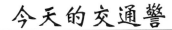

馬騫

上完晚自習已是9點10分了，但是對於繁華的湛江市來說，還沒有到沉睡的時候。

我匆匆走出校門，騎上自行車，穿大街，過小巷，很快來到了僻靜的環市路。

接近十字路口時，那交通燈還是綠色。我加大了車速……

誰知車輪剛剛到停車線，綠燈突然熄滅，黃燈亮了一瞬，緊接著就是紅燈。我緊急刹車，可是，刹車失靈，慣性把我送出了一米多。我猛地一愣，來不及多想，腦海裡騫地蹦出一個「逃」字。正準備上車，一隻大手拍了一下我的肩膀……我一看，是交警。這下算完了。我忐忑不安地推車跟著這位交通警走了過去。

「請坐，你……」我不待他講完，就「理直氣壯」地說：「才超了一米嘛……這是慣性在起作用，不能怪我……下次我一定改……你們交通警就只會欺負小孩嗎？」

「哈哈……不是欺負小孩，是跟修單車的『搶生意』呢……」我聽不懂他話中之意，呆呆地望著他。只見他蹲下

健康區

199

身，打開一個小木箱，從裡面取出了手鉗、鐵錘等簡單的修車工具。我似乎明白了「跟修單車的『搶生意』」這句話的含義，猜想這就是他的業餘收入吧！

他在車子旁邊蹲下來，用工具在車閘上這兒敲敲，那兒打打，不一會兒，他站起來說：「行了，你可以回家了。」

我感到很驚訝，忙問：「不罰款啦？」

「誰說罰款啦？你的刹車膠舊了，我給你換了一個新的。」

「謝謝，真是太謝謝您了。」

我上了車，回過頭去。他站在燈光下，帽上的警徽閃爍著耀眼的光芒……

點評

神聖與崇高其實就蘊含於普通的人和事中間，本文通過一件普通的小事，就表現了人身上散發出的神聖與崇高的光芒。文章採取先抑後揚的形式來安排結構，更增強了「揚」的效果，突出了中心；語言樸實，感情真摯而深刻，很有表現力。

藍色女孩

張玫

　　她，的確喜歡藍色。那是一種清純的顏色，一種不需要渲染的顏色。

　　她，是一個和善、文靜、善解人意的女孩。我的性格則是帶著那麼點兒堅強、好勝與衝動，然而我們很談得來。

　　她曾經無數次地告訴我，她喜歡藍色，那是天空的顏色，是大海的顏色。

　　醫院就在海邊。在一個夕陽西下的傍晚，我陪她來到海邊漫步，海風吹動著她烏黑的長髮，海水的潮氣滋潤著她清秀憔悴的面頰。她半跪著，望著面前洶湧澎湃的海潮，輕輕地說：「給你看樣東西。」說著，她從衣兜小心地掏出帶著體溫的兩隻小帆船，一臉真誠地遞給我。帆船做得很精緻，塗著藍色的油漆，在陽光下閃耀著淡淡的光輝，上面還有兩束小小的康乃馨……

　　「等我長大了，我要到青藏高原去，去把康乃馨的芳香送給那裡的孩子們……」她有些激動，顯然她不知道自己的病。作為她的朋友，在她所剩無幾的日子裡，我只能盡力地給她些快樂。「現在，我們把小帆船放進海裡，讓它們去經受風浪的考驗，好嗎？如果它們有機會再相逢的話，那才叫做『緣分』。」她指了指手中的帆船說道。我點了點頭，但

健康區

201

我也著實為她的那隻小船擔心，不知道它是否會禁得起前方的險風惡浪。

兩隻小船起程了，滿載著一個女孩的希望起程了。它們在海浪中顛簸，遠去……

一個月後，當我得知這個世界上永遠地消失了一位喜愛藍色的女孩時，我發瘋似的跑到了海邊，來到小船起程的地方。海浪終究無情地吞沒了一個純潔的生命。我呆呆地望著遠方……

從那以後，藍色的女孩，藍色的故事，連同那藍色的小帆船便一起在我的腦海中「定格」成了一道藍色的風景。

點評

　　人們往往用大海、藍天來比喻純潔和寬廣，但藍色中也包含著憂鬱和嚮往。本文寫了藍色女孩和「我」的交往，表達了「她」的美好願望。文章雖然對藍色女孩沒有作過多的正面描寫，但從「在她所剩無幾的日子裡」依然把做得很精緻的藍色帆船放到海中試航，要把康乃馨的芳香送給青藏高原的孩子們的描寫中，我們得知「她」是一個儘管承受著生活的捉弄，但依然有著清純的心靈、美好的信念的女孩。「她」的這種執著的追求足以使「我」震動，以致在「我」得知「她」的死，才有那種茫然和失態，才把「藍色的女孩，藍色的故事，連同那藍色的小帆船便一起在『我』的腦海中『定格』成了一道藍色的風景」。這是永逝者給予倖存者的啟迪。習作情感委婉而沉鬱，結尾值得遐思回味。

不知去何處

古希臘寓言家伊索是個奴隸。一天，主人派他進城辦貨，半路上他遇見一個法官。法官盤問他：「你去哪兒？」伊索對貪贓枉法的法官向來不屑一顧，回答道：「不知道！」「不知道？」法官表示懷疑，把伊索抓了起來，囚禁到監獄。「說實話難道也犯法嗎？」伊索在獄中抗議道，「我是不知道你們會把我投入監獄的呀！」法官只好把伊索放了。

鬧飢荒的原因

英國文豪蕭伯納是個瘦子，這是盡人皆知的。一天，他遇到一個有錢的胖資本家，資本家譏笑著對蕭伯納說：「蕭伯納先生，看到您，我確實知道世界還存在鬧飢荒的現象。」蕭伯納也笑著回答：「而我一見到您，便知道世界鬧飢荒的原因。」

嘗出來了

巴頓將軍為了顯示他對部下生活福利的關心，搞了一次參觀士兵食堂的突然襲擊。在食堂裡，他看見兩個士兵站在

一個大湯鍋前。「讓我嘗嘗這湯。」他命令道。

「可是，將軍……」

「沒什麼『可是』，給我勺子！」將軍拿過勺子喝了一大口，怒斥道，「太不像話了，怎麼能給戰士喝這個？這簡直就是刷鍋水！」

「我正想告訴您這是刷鍋水，沒想到您已經嘗出來了。」士兵答道。

❦ 身邊的故事 ❦

寫作指導

　　以敘事為主的文章是記敘文中的重要類型。這類記敘文以敘述事件為主，突出事件矛盾的產生、發展、解決的過程。因此，提高敘事能力對寫好記敘文是至關重要的。寫好敘事類的作文應該注意以下幾個方面：

　　第一，選材要精，要選自己熟悉的事來寫。要做到這一點，就要處處留心，善於觀察，勤於思考，做生活的有心人。要盡量選擇自己生活中熟悉的、感受深切的事來寫。這樣，運用時才會得心應手，容易寫出自己的真情實感，因而也最能感動人、最能喚起讀者的共鳴。要學會在周圍發生的紛繁蕪雜的生活現象中，選擇有一定深度的能給人以教育和啟迪的典型事例。選材要「小中見大。」生活中許多具體的小事常常能反映事物的本質，也有深刻的意義，因此，我們在生活中，更要注意選取那些看來很小而能反映出深刻意義的事情來寫。

　　第二，構思要巧，要努力做到構思巧妙。所謂構思，是指在作文前進行的一系列的思考過程，包括選擇材料、確定中心、組織材料、運用語言等方面的內容。所謂構思要巧，也就是在文章的立意上要有新意，選擇材料、組織材料、表現方法等方面力求巧妙。在立意、選材、組織材料上也要多

下工夫，盡量做到新穎別致，不與人雷同。

第三，內容要具體，要交代清楚記敘的要素。即寫清楚什麼人，發生了什麼事，是在什麼時間和地點發生的，事情的起因、經過和結果怎麼樣。只有把這些寫清楚了，才能眉目清晰、內容完整，才能很好地表達中心。當然，六個要素的交代應該像淙淙的流水順勢而下，順乎自然，切不可作刻板的排列。還應注意，這些要素也不是在每篇文章都缺一不可的。在有的情況下，某一要素也可以省略。

第四，詳略要得當，要根據中心確定詳略。一篇文章哪些應該詳寫，哪些應該略寫，這是從構思開始一直到寫作完成的整個寫作過程中都要碰到並要切實加以解決的問題。作文的時候，確定了題目，選擇了材料，就要根據表達中心思想的需要進行剪裁，仔細考慮詳略。對表達中心顯得重要的材料要詳寫。詳寫就要放得開，細緻地刻畫，充分地發揮。而次要之處則要略寫。有詳有略，重點才能突出。

第五，結構要完整。所謂完整，一是指事件從起因到結果的完整，二是指全文結構上的完整。這裡，很重要的一條是前後呼應。內容和標題要呼應，結尾與開頭要呼應。一篇文章所描述的事情往往不止一件，事情發生和進行的時間、地點未必一致，描述的手段也有順敘、倒敘、插敘等區別，因此寫時就需要通過過渡性的文字把它們聯貫起來，使之渾然一體。這樣，文章才能嚴謹、和諧、完整。

第六，人稱、線索要清楚。記敘文中共有三種人稱：第一人稱——我（我們），第二人稱——你（您），第三人稱——他（他們）。人稱是敘述的出發點。究竟運用哪種人

稱，要根據表達的需要選用。作文中最常用的是第一人稱。第一人稱是從「我」的角度敘事，便於寫自己的所見所聞和親身感受。第三人稱——他，便於敘述，特別是不限於「我」的見聞，便於寫人物心理。純屬以第二人稱角度寫的文章，極為少見。記事還必須線索清楚。線索是在文章中起連貫作用的。如果有了好的材料，再加上有使之連貫的線索，那麼文章就成為一串美麗的「珍珠」。文章可以以時間為線索，以物為線索，以思想感情為線索等等。

第七，敘述方法要得當。記事應圍繞中心思想，根據需要組織材料，按照一定的順序來寫。敘述的方法，包括順敘、倒敘、插敘等。

順敘，是按照事物的發生、發展的先後次序進行敘述。這樣寫，可以將事情發展的來龍去脈有頭有尾地敘述出來。插敘，是指在敘述中心事件的過程中，由於某種需要暫時中斷敘述的線索而插入另一事件。在動用插敘時，不能打亂原來的敘述線索，要注意與上下文的銜接。這樣，結構不僅富有變化，而且敘述的條理也非常清楚。倒敘就是把事件的結局或某個最突出的片斷提到前面敘述，然後再從事件的開頭進行敘述。採取倒敘方法，先把結果說出來，造成懸念，引起閱讀興趣，有助於突出中心思想。運用倒敘的寫法，必須交代清楚倒敘的起訖點。順敘和倒敘的轉換處要有明顯的界限，以及必要的文字過渡。以上三種方法並不是死板的分工，可以根據需要靈活運用。

健康區

207

童年樂章

童年趣事

葉子瑩

　　故鄉的黃土地留下我童年的腳印，那裡有我的外公、外婆，還有我喜愛的竹林、瓜棚、稻田、雪地……

　　童年的我，是那麼幼稚可笑，春天一到，我便像歸林的小鳥，一頭扎進我的小世界——竹林。我常常提著小竹籃，踏著軟軟的青草地，開始一天的漫遊。一朵朵小花，一個個蘑菇，都進了我的小籃。玩累了，便躺在天然的地毯上睡一覺，可當我醒來時卻已躺在外婆的懷裡了。我問外婆是怎麼回事，外婆卻總不告訴我。

　　盼呀，盼呀，終於，夏天來了。嘴饞的我總是盯著瓜地裡的西瓜。到了傍晚，我肯定是第一個嚷著要吃西瓜的，西瓜破開了，我挑了塊最大的狼吞虎嚥地吃起來。吃完了西瓜，外公便拿起我沒吃乾淨的西瓜皮吃起來。外公有意問我：「咱們家誰最饞啊！」我肯定地說：「是外公。」外公問我：「我怎麼最饞啊？」我認真地說：「因為我總是看見您啃我吃過的瓜皮。」一聽這話，外公便哈哈大笑起來……

　　秋，又悄然無聲地來臨了，那徐徐的秋風送來了豐收的喜悅。每當這時，我便和外公去田裡捉蟋蟀。捉了回來，我

倆便在桌上鬥蟋蟀，每次總是我輸，結果總免不了挨外公的懲罰——打一下屁股。如果這時外婆看見了，就會罵外公。於是我便在一旁幸災樂禍地偷偷地笑。冬天到了，大雪過後，我便和小伙伴們一起打雪仗。這時，外公總會幫我製造「炮彈」。我一打敗仗便要賴，外公便和我扭成一團，雪地裡響起我們快樂的笑聲……

童年似一片彩雲，一會兒便向那蔚藍的天空飄去，我真想再去看看我曾經生活過的地方。

點評

> 　　小作者是按照春、夏、秋、冬四季來描敘的，結構嚴謹，沒有「鬆散」的感覺。我們跟著小作者也在體味童年的趣事。語言流暢、生動，有文采，可見作者的寫作功力。

童年漫憶

代君仁

　　隨著時間的流逝，童年那金色的夢幻也悄然而逝了。今天，閉上眼睛憶起那聖潔、天真的童年生活，我彷彿又回到那溢彩流金的時光裡……

春天，踏青去

一夜春雨，又放晴時，天更遠了，雲更白了，田野綠了、黃了、紫了，連小河也藍了。太陽暖洋洋的，蜜蜂兒嗡嗡地哼著，紫燕也在半空中呢喃……踩著三月的柔風，邁著輕快的步子，到野外踏青去，這是童年醉心的樂趣。

沐浴著煦暖的陽光，田野裡綠波蕩漾。春風拂面，河水粼粼，漣漪逐波，錦鱗徜徉；岸邊汀蘭，鬱鬱蔥蔥；野花繽紛，遍地芬芳；紫燕呢喃，鳥語花香；岸邊古柳如老姐負水，彎腰屈背，枝條隨風搖曳，婆娑婀娜。美麗的春景把我引上高高的老柳樹，折一段青翠的柳枝，小心地坐在樹杈上，用一雙稚嫩的小手擰成大大小小的柳笛，放在嘴邊一吹，「笛──」清脆的笛音婉轉悠揚。俯首看一眼樹下仰望已久的小伙伴，心裡好不歡暢，他們一個個把手伸得老長，嚷嚷著：「給我給我。」我一揮手，柳笛便撒在地上，小伙伴們忽的一聲，不一會兒，他們的手裡都多了一個柳笛，不同的笛聲組成了一曲美妙動人的歌。

月夜，小河裡的笑聲

當夜被溫柔的風哄睡以後，我和小伙伴們便出發了，請不要問我們去幹什麼，先聽聽這夜的絮語吧：油蛉在淺唱，蟋蟀在低吟，那入夜的小蟲也在呢喃，偶爾從樹林裡傳來一兩聲鳥兒的夢囈，和著小溪流的「叮咚，叮咚」聲，組成了一曲夜的交響樂。踩著這曲子的節拍，我們悄悄地摸到了小河邊，小河微波蕩漾，被月兒的清輝籠罩著，猶如披上了一件神秘的面紗。垂柳倒映水中，纏綿俳惻。啊！多美的夜景

呀！我和小伙伴被這迷人的夜色陶醉了。

我們開始行動了，小伙伴一個個掏出用大針做的魚鈎，把白天捉來的蚯蚓套在上面，輕輕地甩進河裡，用木棍兒繫了插在岸邊。大家都不吱聲，生怕驚醒了這沉睡的小河。做完了，默默地數了數，每人都有十多根，心裡踏實了，這才躡手躡腳地到不遠的地方等著。

半夜了，遠處傳來了幾聲零星的雞蹄把我們從睡夢中驚醒，於是一個個急急地爬起來。月兒偏西了，星星探頭探腦地窺視著大地，河裡水草的清香和岸上野花的馥郁摻和著，小河也朦朧起來了。小伙伴一個個提著手電筒溜到了小河邊，把插在水邊的小木棍一個個地拔起，將絲繩一根根地提出水面，「呀！」竟然釣了這麼多的魚兒，我們高興地笑了起來，「咯咯……咯咯……」笑聲傳得很遠很遠……

情感把思緒拉長，我在回憶中又有了新的思索，15歲的花季是多夢的季節，童年的夢固然美好，但已步入青春之園的我，應該立足於現實的土地，播下希望的種子，辛勤地耕耘，讓千百個好夢成真。

點評

　　本文用抒情的筆調表達童年生活的美好。用詩一般的語言塑造了色彩絢麗的秀美春光和一曲月夜小河歌。筆觸清新優美、細膩生動，場景的描寫和氣氛的營造亦多有豐富的感染力。

健康區

延伸閱讀

　　童年的梁啓超聰明過人，才思敏捷，祖父梁延十分喜歡他。梁啓超五歲時開始讀《四書》、《五經》，「八歲學爲文，九歲能綴千言」，12歲考中首榜第一名秀才，被鄉人稱爲「神童」。當地群眾流傳不少「神童」梁啓超的故事。

「有人在平地，看我上雲梯」

　　一天，梁啓超爬上竹梯玩耍。祖父怕他有危險，望著梁啓超急叫：「快下來，快下來！會跌死你的……」梁啓超看見祖父急成那樣子，竟又往上再攀一級，還衝口念出兩句：「有人在平地，看我上雲梯。」祖父不由開心大笑，感到乖孫非比尋常。

「堂前懸鏡，大人明察秋毫」

　　梁啓超十歲那年，跟父親入城，夜裡住在秀才李兆鏡家。李家正廳對面有個杏花園，梁啓超第二天早晨起來便走到杏花園玩耍，但見朵朵帶露杏花爭妍鬥艷，十分可愛，便摘了幾朵。突然聽到腳步聲由遠而近，原來是父親與李秀才來了。梁啓超急忙將杏花藏於袖裡，但仍被父親看見了。父親不好意思在朋友面前責怪兒子，便以對對聯的形式來處罰他。父親吟上聯：「袖裡籠花，小子暗藏春色。」梁啓超仰

頭凝思，瞥見對面廳檐掛著的「擋煞」大鏡，即念出下聯：「堂前懸鏡，大人明察秋毫。」李兆鏡拍掌叫絕，於是道：「讓老夫也來考一考賢侄，『推車出小陌』，怎樣？」梁啟超立刻對上：「策馬入長安。」「好，好！」李兆鏡連聲讚好。在歡悅的氣氛中，父親饒了梁啟超的過錯。

「飲茶龍上水，寫字狗耙田」

一天，梁啟超家裡來了一位客人，當時正在廳裡與父親談著什麼。梁啟超從外面玩得滿頭大汗走進來，從茶几上提起茶壺斟了一大碗涼開水正想喝，卻被客人叫住了。「啟超，你過來。」客人說，「我知道你認識很多字，我來考考你。」客人見茶几上鋪著一張大紙，提筆便狂草了一個「龍」字：「你讀給我聽。」梁啟超看了一眼，搖搖頭。客人哈哈大笑。梁啟超沒理他，一口氣喝了擺在茶几上的那碗涼開水。客人看了又哈哈大笑，道：「飲茶龍上水。」梁啟超用右衫袖抹一下嘴角，說：「寫字狗耙田。」梁啟超的譏諷讓父親尷尬，正要懲罰他，客人說：「令公子對答工整，才思敏捷，實在令人驚異。」

「我欲問蒼天，蒼天長默默」

梁啟超的故鄉新會茶坑村有座小山，叫坭子山，山上有座塔，叫坭子塔，又叫凌雲塔。梁啟超的老家就在坭子塔山下，童年的梁啟超時常和小朋友爬上凌雲塔望風景。一天，

梁啟超寫了一首詩給祖父看。詩是這樣的：「朝登凌雲塔，引領望四極，暮登凌雲塔，天地漸昏黑。日月有晦明，四時寒暑易。爲何多變幻？此理無人識。我欲問蒼天，蒼天長默默。我欲問孔子，孔子難解釋。搔首獨徘徊，此時終難得。」這就是梁啟超11歲時寫的《登塔》詩。

往事如歌

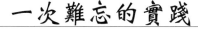

一次難忘的實踐

佚名

　　紅色的幕布拉開了，色彩繽紛的旋轉舞台上，燈光閃耀。在窗外迷人的月光的映射下，音樂會終於開始了。

　　幾十人的大樂隊中，我就坐在前排——指揮的旁邊。我是一名黑管樂手，是學校管弦樂隊中的一員。這一天，是我們第一次參加這麼重要的演出。以前總是在學校裡練習，這次可是正式演出，一定要成功呀！

　　我不禁想起7歲時，一次和媽媽去看晚會。當我看到台上樂隊合奏的時候，我興奮極了，問媽媽：「媽媽，等我長大了，也去上台表演，好不好？」媽媽笑了：「什麼事都是看著好做，看著容易，可要是自己親自去實踐，那可就難多啦！」我若有所思地點了點頭，媽媽又笑了……

　　指揮棒抬起，也把我從遐想中拉了回來。

　　「下面請欣賞著名音樂家約翰‧史特勞斯的《拉德茨基進行曲》。」——一陣掌聲——指揮棒抬起，齊刷刷的樂器被拿起的聲音——在黑色指揮棒無聲的指揮下，開始奏起美妙的旋律。

　　「啊，不妙！」剛才把黑管笛頭帽兒拿下來時就順手一

放，放在椅子邊上，不知怎的，不經意一碰，掉在了地上。我心裡發毛——要是觀眾看見了怎麼辦？我那「第一次正式演出大獲成功」的夢想可就全泡湯了！怎麼辦？

指揮看見了，微微衝我一笑，示意我不要太緊張。也對，觀眾是聽音樂的，不會在乎的！我也衝他會心地一笑，繼續！望望台下一張張笑臉，心裡有種滿足感。

汗珠順著臉頰流下來，我也不能去擦，雙手輪換著按著樂器上不同的鍵。小汗珠輕輕地流，我感到很癢，這調皮的小傢伙！癢也不能抓，真的很辛苦！

「台上一分鐘，台下十年功」，投身實踐，親自去參與才能感受勞動的艱辛。

紅色的幕布伴著一陣熱烈的掌聲又拉上了。我下了台，走出音樂廳，媽媽便笑盈盈地迎了上來：「祝賀你！」我美滋滋地說道：「怎麼樣，說到做到吧！」媽媽奇怪，她一定忘了7年前對我說的話了。媽媽又說：「像你們這樣的中學生，很少能有正式演出的機會，這次你獲得了一個很好的經驗！」「真金不怕火煉！」「又吹牛！」「哈哈！」——我忘不了這一切！

夜晚格外寧靜，我睡不著，找來紙筆，在本子上寫下：
汗水夾帶著金色的歡笑，
注入湛藍的大海。
我耕耘自己的歷史，
褲腿兒沾滿濕漉漉的艱辛。
用雙手去創造未來吧！
我心中藏著一份晶瑩的盼……

本文以「我」親自參加的一次演出實踐爲題材，生動地描述了演出過程中的心理活動。全文運用心理描寫恰如其分、眞實細膩，把人物內心世界揭示得一覽無遺。

　　作者在選材上不落俗套，在描寫「正式演出」前有一段插敍，突出了中心思想，使文章立意更爲深刻。

　　文章的結尾，作者以抒情詩的語言，揭示了較爲深刻的生活哲理，深化了主題思想。

第一次做家教

何傳波

　　說起我第一次做家教的事來，還眞是有趣。

　　我的學生是一個上小學五年級的男孩。從他父親的介紹中，我知道他是一個非常聽話而又極其勤勉的孩子，可是不知爲何成績老是沒進步。當時，我的心裡一點底也沒有。爲此，我特地從學校趕回家向我那已有三十多年教學經驗的父親「取經學道」。父親的點撥，使我信心倍增。我首先對我的學生進行了一次包括筆試和口試的全面測試。我很快發現，由於他語文基礎平平，所以理解和邏輯思維能力都不能

健康區

217

有很好的發展。

找到了問題的根源，我便以語文科目為突破口，結合他平日在校的課程安排，對症下藥，制訂了一套合理的方案。這樣，儘管我自己在校的課程總是排得滿滿的，且那些繁雜、枯燥的必考課常常將我弄得頭昏腦脹，但我每次拖著疲憊的身子以一個學生的身份走出學校，搖身一變，又以一個家庭教師的身份站在我的學生面前的時候，我竟然疲倦頓消。我向來不主張「填鴨式」的教學，所以不論是教什麼，我都不是直截了當地下一個定義，來一個概括，或是即刻道出整個解題過程與答案，而是想方設法加以旁敲側擊，讓其自行融會貫通。

功夫不負有心人。一段時間過後，我的學生不僅解題思路寬了，思維也敏捷了許多，成績由原來的中等水平一下子躍居前茅，而且，一直很穩定地保持了下來，最終以優異的成績被一所重點中學錄取。

這初次嘗試的成功，令我激動不已，因為，我終於以實際行動證明了自己的能力。更重要的是，這初次嘗試的成功使我一下子從往日的消沉中徹底走了出來，以更加積極的態度和熱情去面對人生，去走好那條屬於我自己的七彩人生路。

點評

中學生做家教，怕是很少見的，而作者的這一番經歷，寫來有滋有味。文章開門見山，直接點題，敘事則條理分明，敘議結合，文末揭示主旨，富有教益。

魯迅嚼辣椒驅寒

　　魯迅先生從小認真學習。少年時，在江南水師學堂讀書，第一學期成績優異，學校獎給他一枚金質獎章。他立即拿到南京鼓樓街頭賣掉，然後買了幾本書，又買了一串紅辣椒。每當晚上寒冷時，夜讀難耐，他便摘下一顆辣椒，放在嘴裡嚼著，直辣得額頭冒汗。他就用這種辦法驅寒堅持讀書。由於苦讀書，後來終於成為我國著名的文學家。

是當國王還是讀書？

　　著名歷史學家麥考萊曾給一個小女孩寫信說，如果有人要我當最偉大的國王，一輩子住在宮殿裡，有花園、佳餚、美酒、大馬車、華麗的衣服和成百的僕人，條件是不允許我讀書，那麼我絕不當國王。

　　我寧願做一個窮人，住在藏書很多的閣樓裡，也不願當一個不能讀書的國王。

真實的高度

　　一天，大仲馬得知他的兒子小仲馬寄出的稿子總是碰

壁，便對小仲馬說：「如果你能在寄稿時，隨稿給編輯先生們附上一封短信，或者只說一句話，說：『我是大仲馬的兒子』，或許情況就好多了。」

小仲馬固執地說：「不，我不想坐在你的肩膀上摘蘋果，那樣摘來的蘋果沒味道。」年輕的小仲馬不但拒絕以父親的盛名做自己事業的敲門磚，而且不露聲色地給自己取了十幾個其他姓氏的筆名，以避免那些編輯先生們把他和大名鼎鼎的父親聯繫起來。

面對冷酷無情的一張張退稿箋，小仲馬沒有沮喪，仍在不露聲色地堅持創作自己的作品。他的長篇小說《茶花女》寄出後，終於以其絕妙的構思和精彩的文筆震撼了一位資深編輯。這位知名編輯曾和大仲馬有著多年的書信來往。他看到寄稿人的地址同大作家大仲馬的絲毫不差，懷疑是大仲馬另取的筆名。但作品的風格卻和大仲馬的迥然不同。帶著這種興奮和疑問，他迫不及待地乘車造訪大仲馬。令他大吃一驚的是，《茶花女》這部作品，作者竟是大仲馬名不經傳的年輕兒子小仲馬。「您為何不在稿子上簽您的真實姓名呢？」老編輯疑惑地問小仲馬。小仲馬說：「我只想擁有真實的高度。」

老編輯對小仲馬的做法讚嘆不已。

《茶花女》出版後，法國文壇書評家一致認為這部作品的價值大大超越了大仲馬的代表作《基度山恩仇記》。小仲馬一時聲譽鵲起。

家庭紀事

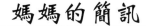

媽媽的簡訊

譚森

　　低廉的手機簡訊費爲手機在昂貴的話費中劈出一條生路，也多給了人們一條聯繫溝通的途徑。

　　在同學、朋友發來的輕鬆談笑的簡訊中，媽媽的簡訊總給我帶來心靈的震動。我沒有想到媽媽仍然記得我一個月前教她發簡訊的步驟。當我打開新訊息時，顯示的竟然是「媽媽」，我驚訝得說不出話來。

　　媽媽的簡訊經常是很普通的幾行字，用語平實，也沒有什麼精心設計的符號。我偶然發個信息問她有沒有看天氣預報，往往過了近半個小時才有回覆。上面十分詳細地寫著吉林長春乃至東北的天氣變化，並一再囑咐我別凍傷凍病了。我可以想像得到媽媽給我發簡訊的情景：戴著老花鏡，因手機背光弱，所以要借助燈光。不再靈活的手指在手機的小鍵盤上「跳舞」。可能一時大意按錯某個鍵又要重來，也許因爲想不起如何切換輸入法而在努力回憶。她終於輸完要講的話後，臉上浮出小孩子吃糖時的笑容。當輸入我的手機號碼並且發送成功時，有小學生考滿分的滿足感。整個過程於我而言，很簡單，但對於日漸衰老的媽媽，卻是一個新的挑戰。

健康區

　　我看著這條飽含溫情的簡訊，似乎看到了一顆溫暖的慈母心。

　　我有點手發抖地按下回覆鍵，大大地誇了媽媽一番。因為她的手機發簡訊很麻煩，而她可以發得完整具體，標點清晰，真不容易。而媽媽的回覆更令我感到震驚：「你誇獎我，我很開心……」原來我對媽媽的「誇獎」如小時候她對我的誇獎一樣，對於受誇獎者都是那麼重要！媽媽對我疼愛、體貼之餘，多了一分依戀。

　　有時打開關了一天的手機，收到的第一條簡訊一定是媽媽的：「森，今天吃了些什麼？天冷不冷？包裹收到了嗎？」領略了東北的狂風回到房間，一看到媽媽這條簡訊，彷彿回到暖和的家鄉，回到熟悉的家，回到媽媽溫暖的懷抱……手機傳送來的是濃濃的母愛，我手中的不是一部手機，而是無法詮釋只能用心去體會的慈母心。「嘀嘀嘀」，手機簡訊提示聲又響起了，我知道，媽媽的愛又飄來了……

點評

　　作者的文字是直入心靈的，是一種親情的捕捉。《媽媽的簡訊》以具體的事例來說明題旨，給人以諸多回味。雖然相隔遙遠，但仍能用一句溫馨的話語來表達慈母對遠方孩子的關愛。文字不需要多麼深刻，而更多是一種自然、真切的表達。如「我」想像媽媽發簡訊的情景，還有「我」的具體感受，都是只有親歷者才能展現出來的。

　　結尾又讓這種愛更加深了，也很有感染力。

我家的新事

張友華

　　我遠在他鄉讀書，回家的機會少，對家裡的事也知道得少了。這次回家，發現了一件新事。

　　星期六，學校放了假，因為到同學家玩了一會兒，回家已是10點鐘了。走進家門，奇怪，這麼晚了家裡還亮著燈，會不會出了什麼事？我滿腹疑慮地推開門，原來爸爸正伏在桌上看書。他看得那樣專心，旁邊攤著筆記本，他邊看邊畫槓槓，邊做筆記，儼然是個學生。平時，在家裡爸爸總反對我們看書，這會兒怎麼他也看起書來了？幸好媽媽沒睡著，我悄聲問媽媽。媽媽顯得有點兒生氣，說：「鬼曉得！這些天，他像著了魔，白天看書，晚上也看書。」

　　我沒問出個所以然，只好上了床。可是心中有事，怎麼也睡不著，到半夜，乾脆起來，設法弄他個水落石出。

　　我輕輕推開門，爸爸趴在桌上睡著了，桌上平放著一本書——《來杭雞的家庭餵養》。我愕然了，莫不是爸爸又要養雞了？

　　這幾年，我家養過雞，也餵過兔，可是，不是被老鼠咬了，就是病死了。爸爸老為這事生氣，又無可奈何地說：「天災人禍，各有天命。」有一次，在外地的哥哥聽說這事，捎來了一本《怎樣養雞》的書，他連看也沒看，就做了

健康區

223

手紙。別人問他，他一皺眉：「書？書上盡是些空話，我就不信。」去年，他又一口氣買來100隻小雞，想不到三五天，死了個精光，他發誓再也不養雞了。可現在，他竟然也看起這養雞的書來了。

不知是由於燈光的刺激，還是我的聲響的緣故，爸爸醒了。我嚇了一跳，想溜，卻被他叫住了。我以為爸爸又要訓斥我，誰知他指著書上幾個用筆畫了圈的字，問我怎麼念。我幫他認識了這些字，膽子也大了，問他：

「爸爸，您也看書了？」

「就許你們看，不興我看？」他一瞪眼，但沒有生氣。我第一次聽爸爸這麼說話，覺得挺有趣的。

「現在人家科學養雞發了財，不學科學不能致富啊！」爸爸這麼一板一眼地說。

「這麼說，我們家也要發財致富了？」我有點不相信自己的耳朵。

「是啊，不僅我們家，要讓大伙都發財致富。莊稼人的日子就要紅火起來了。」爸爸信心十足地說。他還叫我下次回家時，多帶一些養豬、養蜂、養兔的書給他。

我直愣愣地望著爸爸沒吭聲。爸爸用濕毛巾擦臉說：「不早了，你快去睡吧。」他又翻開書看起來。

我躺在床上，心情久久靜不下來。爸爸丟了「天命」，捧起了「書」，走上了科學致富的路，這可真是我家的一件新事。這天晚上，我竟做了一個新奇的夢。

點評

　　文章題材富有新意，體現了當代農民立志科學致富的新的追求，很有時代感，同時，還用爸爸以前信「天命」不信科學的實例加以襯托，使本文題意更為鮮明。其次，本文並未滿足於題材新穎，也不停留於對事件過程的敘述，而是深入開掘，從具體材料中提煉出能反映事物本質的主題，揭示了「不學科學不能致富」的道理，並且在此基礎上進而展示爸爸「要讓大伙都發財致富」的嶄新的精神面貌，使文章題旨更加深刻。不僅如此，文章結尾處以「一個新奇的夢」含蓄地告訴我們：爸爸的追求，在這個時代將變成現實。這便使文章的主題又得到了拓展和深化。

延伸閱讀

名人小故事

　　法學家王寵惠在倫敦時，有一次參加外交界的宴席。席間有位英國貴婦人問王寵惠：「聽說貴國的男女都是憑媒妁之言，雙方沒經過戀愛就結成夫妻，那多不對勁啊！像我們，都是經過長期的戀愛，彼此有深刻的了解後才結婚，這樣多麼美滿！」王寵惠笑著回答：「這好比兩壺水，我們的

健康區

一壺是冷水，放在爐子上逐漸熱起來，到後來沸騰了，所以中國夫妻間的感情，起初很冷淡，而後慢慢就好起來，因此很少有離婚事件。而你們就像一壺沸騰的水，結婚後就逐漸冷卻下來。聽說英國的離婚案件比較多，莫非就是這個原因嗎？」

中國現代著名學者胡適（1891-1962年）是屬兔子的，他的夫人江冬秀是屬老虎的，胡適常開玩笑說：「兔子怕老虎。」當時就流傳了胡適怕老婆的笑話。有一次，巴黎的朋友寄給胡適十幾個法國的古銅幣，因錢有「PTT」三個字母，讀起來諧音正巧為「怕太太」。胡適與幾個怕太太的朋友開玩笑說：「如果成立一個『怕太太協會』，這些銅幣正好用來做會員的證章。」胡適經常到大學裡去講演。有一次，在某大學，講演中他常引用孔子、孟子、孫中山先生的話。引用時，他就在黑板上寫：「孔說」，「孟說」，「孫說」。最後，他發表自己的意見時，竟引起了哄堂大笑，原來他寫的是：「胡說」。

1945年，我國著名漫畫家廖冰兄在重慶展出漫畫《貓國春秋》，當時在渝的許多文化名人如郭沫若（1892-1978年）、宋雲彬、王琦都應邀前往，參加首展剪彩儀式。席間，郭沫若問廖冰兄：「你的名字為什麼這麼古怪，自稱為兄？」版畫家王琦搶過話頭代為解釋說：「他妹妹名冰，所以他名叫冰兄。」郭沫若聽後，哈哈大笑，說：「噢，我明白了，郁達夫的妻子一定叫郁達，邵力子的父親一定叫邵力。」一句話引得滿堂賓客捧腹大笑。

社會見聞

二狗抓猴兒

郭魯民

前些日子回家探親，村子裡發生了一件頗為轟動的趣事。

臨近的省防疫實驗研究所的一隻成年猴子跑了出來，從東家到西家，又是上樹又是上房，不一會兒就把小小的村子攪得沸沸揚揚。有人說研究所的人已經放出風來，誰抓住猴子獎賞誰1000元。這麼一來真是火上加油，猴子跑到誰家人們就尾追到誰家，那場面真是熱鬧極了。

愛出風頭的二狗張羅得最急，聲言要抓住猴子非他莫屬。

說來也巧，那猴子三跳兩跳，從房頂上竟然跑到二狗家去了。很快便傳來二狗老婆的叫罵，原來她剛下班回來，猴子就撲上去搶走了她的手提包，躥到樹上後將裡面的東西倒出來，天女散花般地扔得到處都是。

在人們的笑聲中，二狗惱羞成怒，拿起一塊石頭朝猴子扔去，砸在猴子的背上，痛得猴子齜牙咧嘴叫個不止。沒想到猴子也會報復，一怒之下折斷了許多樹枝，然後又跳到房頂上，把瓦掀翻了不少。看熱鬧的人群中爆發出一陣陣大笑

聲，有人笑得索性一屁股坐在地上，指著二狗說：「二狗，小心今天夜裡猴子把你老婆背跑了！」

突然間猴子從房頂上跳回院子裡，也許又渴又餓，抓起窗台上的白菜嚼了起來，二狗見狀以爲得了機會，上去就要抓，沒想到猴子臂力驚人，轉身一掌就將二狗打翻在地，嚇得人們嘩地四散，這才知道常人並非猴子的對手。

二狗不敢對猴子用強，開始琢磨用其他辦法，有人主張用網，有人主張用藥。二狗得到啓發，回屋找了塊紅薯，用勺子挖了個洞，將十幾片安眠藥放在裡面搗碎扔給猴子。不料猴子撿起來又扔了回來，氣得二狗直罵娘。莫非猴子明白裡面下了藥？

這時二狗當教師的弟弟正巧路過，對二狗說他看過一本書，上面講印度獵人捕捉猴子，是做一個木箱，在上面開個小孔，剛好能夠伸進手去，然後在箱子裡放上一個水果，猴子抓住水果後手就無法再出來。二狗聽後像得了靈丹妙藥，馬上如法炮製，當著猴子的面放進一個從鄰居家借來的蘋果。猴子看到蘋果伸手就拿，試了兩次失敗之後，靈機一動把箱子翻轉過來。蘋果倒了出來。事實又一次教育人們，盡信書不如無書。

二狗終於無計可施，沮喪地蹲在地上抽煙。突然，一輛汽車停在院門口，從上面下來幾個研究所的人，他們將一個大籠子抬進院子，裡面拴著一隻母猴，據說是那隻猴的情侶。猴子一見情侶被關，急得直叫，不顧危險從樹上跳下來鑽了進去。研究所的人從容地關上籠子門，抬到汽車上，揚長而去。前後不足兩分鐘的時間，眾人看得目瞪口呆。

這場小戲我自始至終在場。猴子的機警聰慧、俠骨柔腸著實令人欽佩不已，想來進化爲人也實在大可不必。

小街裡的房子

劉彤彤

　　如果說市區的大樓大廈像堂皇的彩色照片，那小街小巷便是風俗畫了。大通街不知已經經歷了多久的歷史，更換了多少主人，依然閑散地存在著。如今鋪著水泥路面，很扎眼地襯著兩邊的舊房子。

　　三個戴黑紗的孩子在親親熱熱地蓋「房子」。

　　俊眉俊眼的嬌嬌最小，玩得有點膩了。「咱們給奶奶磕頭吧？」她問兩個堂哥。

　　「我才不磕呢，奶奶死，沒了！」聞家老大的兒子歡子吆吆喝喝的。「嬌嬌你磕，寅寅你磕！」寅寅和嬌嬌同是4

健康區

229

歲，卻很有大人腔了。嬌嬌老練地磕了頭，寅寅學樣，歡子卻死活不肯。

「你不孝順！我告訴奶奶去！」嬌嬌歪著頭，動了肝火，雖然她不太懂什麼是「孝順」。

「奶奶在盒盒裡，你找不著了。」寅寅正兒八經地糾正。

「你才不孝順呢！我聽見爸跟媽說，奶奶死了，三嬸都不哭。哼！」歡子大一點兒，見識比嬌嬌多，他知道除了磕頭，哭也是「孝順」。

「不對不對，我見三嬸哭啦！我媽媽我爸爸也哭啦！大嬸嬸光打雷，不下雨。」寅寅說。

「嗯，就這樣：我的——媽——啊……」嬌嬌高興地坐在地上，學得活靈活現。

歡子孤立了，提高了嗓門：「不對！」他掃視著嚇愣住了的弟弟妹妹，高聲地說：「奶奶是我家的！吃我家的飯！」

「不對，奶奶是我的！」

「不對，奶奶是大家的！奶奶……」

「砰——」屋裡傳來響聲，三個孩子沒了動靜。

歡子朝弟弟妹妹打個手勢，悄悄走到門口，貼了隻耳朵在牆上。

好一會兒，歡子帶來消息：「你爸和二叔三叔吵了！我爸要把房子分了，二叔拍桌子了。」

孩子們傻了。

「爸爸——」嬌嬌抽了抽鼻子，眼淚汪汪地看著門。

寅寅想了半天，說：「嗨，沒事兒！他們鬧著玩，一會兒就好了。」

三個孩子繼續蓋房子；蓋好了，嬌嬌扯下褲腳的一粒明紐做了個大門。歡子嚷嚷著：「咱們也分了這房子吧！」

「嗯。歡子哥哥最大，住這個；寅寅哥哥住這個；我最小，住這個小的。」嬌嬌分好了。

「不行不行，奶奶說了，哥哥要照顧妹妹，嬌嬌住最大的。」歡子和寅寅搶著說。

「那——，我們三個人住一塊兒，蓋一個大大的房子好嗎？」

「好，把這都拆了。」

點評 ✏

三個孩子並不懂大人們在幹什麼，只知道他們是親兄弟，以為大人們吵吵架，分分房子會像他們「辦家家酒」一樣。三個小孩忙忙活活地搬石頭、運土，蓋了好大好大的一間「房子」。

這是屬於孩子們的！在看似沒有邏輯的童稚思維中，卻蘊含著對大人世界的諷刺。本文的義旨頗發人深省，筆調卻充滿詼諧的童趣。

健康區

延伸閱讀

麥當勞創業的故事

　　誰是世界最棒的快餐餐廳？其實這個答案是眾說紛紜的，不過倘若我們以品牌價值來做判斷，根據新出爐的美國商業周刊的「全球品牌排行榜」來看，麥當勞排名第九名，所以麥當勞稱得上全世界最好、最有名的快餐餐廳。

　　麥當勞是由兩位叫做麥當勞的先生所創立的，他們是兄弟，大哥叫做莫瑞斯‧麥當勞、小弟叫做理查‧麥當勞，莫瑞斯大哥與理查小弟於1930年在洛杉磯以東的一個地方開設了世界第一家麥當勞。

　　不過麥當勞不是由麥當勞兄弟「一手做大」的，因為真正的麥當勞之父是瑞‧克羅克（RayKroc）。

　　克羅克原來是奶昔機器的業務員，在1955年的一次偶然的機會下，他突然發現業務報表上出現一個異常數字，居然有一家叫做麥當勞的餐廳一口氣跟他們公司訂購了八台奶昔機器（一般店面也不過買個一、兩台而已），於是乎，好奇的克羅克便動身前往洛杉磯，一睹這家訂購了八台奶昔機器的神奇餐廳。

　　到了麥當勞餐廳之後，克羅克立刻嚇了一大跳，於是在麥當勞餐廳的金色拱門下開始哼唱起麥當勞小調：「歡樂口味就在麥當勞」，也立下了要擴張麥當勞的雄心壯志。但麥

當勞兄弟當時根本不想接受克羅克那個「遍地都是麥當勞」的瘋狂建議。

而克羅克也並沒有放棄，最後麥當勞兄弟終於答應克羅克幫他們販售麥當勞連鎖店的加盟權利。

雖然「僅此一家、別無分號」的麥當勞餐廳是相當成功的、但是變成連鎖店卻不是一件容易的事情，必須由克羅克一步一步自己來建立制度，而且根據合約的條文，連鎖店的作業費用與行銷費用也是由克羅克來支付，所以對於「過了五十歲才轉業」的克羅克是非常地辛苦！而克羅克的老婆也是受不了他的這番舉動，於是從麥當勞連鎖店創業之初，克太太就不停地跟克羅克吵架，最後在克羅克五十八歲的時候，結束了為期三十九年的婚姻。

不過麥當勞兄弟在克羅克「賠了夫人（離婚）、又折兵（公司接近破產）」犧牲奉獻的當頭上，居然還偷偷地出售加盟權給克羅克的商場敵手，讓克羅克非常地生氣，實在不想再跟麥當勞兄弟繼續合作下去。

但是克羅克還是做出了人生中最大的賭注，跟一些學校基金與退休基金借了兩百七十萬美元，把麥當勞這個商標全部買斷（注：目前麥當勞的商標價值高達兩百五十三億美金），趕走令克羅克困敗交夾的麥當勞兄弟，並且開始成立讓麥當勞反敗為勝的房地產租賃公司。

就從1961年開始，克羅克冒著身敗名裂、債台高築的危險，借錢請麥當勞兄弟滾蛋之後，克羅克就成為名副其實的麥當勞之父，而且從此之後麥當勞的業績就開始扶搖直上，就克羅克創業十周年之時，美國已經有了七百多家麥當

健康區

233

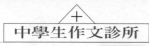

勞漢堡，而且麥當勞的股票也堂堂上市，變成大家搶購的熱門股票。

之後的麥當勞便馬不停蹄地在世界開設了幾萬家的麥當勞漢堡店，創造了無數的快餐奇蹟，也使得麥當勞成為世界公認的美國文化象徵。

在克羅克去世一年（1985年）之後，麥當勞被紐約證券交易所納入了道瓊工業指數（注：只有三十家公司可以納入道瓊指數），這時麥當勞也不折不扣地成為美國企業的巨人。

說明天地

寫作指導

　　說明文是以說明為主要表達方式來解說事物、闡明事理等，給人以知識的文章。說明文最大的特點在於它的說明性。所謂說明，就是把事物的結構、性質、成因、構造、關係、方法、功用等解說明白。說明文的種類很多，主要的是實物說明文和事理說明文。科學性、通俗性和條理性，是說明文的三大特點。寫說明文應該注意以下幾點：

　　一、**抓住特點進行說明**。一般說來，事物大多數是可觸摸的。它們有形狀、結構、重量、顏色、氣味等等，讓它們之間互相比較、鑒別，就可以從中找出區別於它事物而又常常被人所忽視的某些特徵。抓住這些特徵，就能說明得準確、深刻、清楚，給人以正確的知識和確鑿可靠的信息。事物的特徵有的是非本質的，如形態、色澤、構造、功用等；有的則是本質的，如事物現象產生的原因、原理，事物發生發展的規律，事物內在的實質聯繫等。抓住了事物的本質特徵，就會使讀者不僅知其然，而且知其所以然，從而獲得全面深刻的認識。

　　二、**根據需要安排說明的順序**。說明文先說什麼，後說什麼，是要根據被說明的事物的特點和中心的需要來進行安排的。說明文常用的結構安排，有下列三種：

1.時間順序，就是按照事物發展的先後次序，順次來說明。一般說來，說明事物成因、方法，介紹動植物的生長過程等，都可採用這種順序。

2.空間順序，就是按照事物的空間存在形式，或從外到內，或從下到上，或從前到後，或從整體到部分⋯⋯按照邏輯順序來安排結構，就能妥帖地體現這種關係，使讀者的思路跟著文章的脈絡步步深入。說明順序，不是機械固定的，應根據被說明事物的特點靈活運用。有時說明複雜的事物，常常將幾種說明順序綜合運用。

三、恰當地運用說明的方法。寫說明文，不僅要抓住特徵，注意條理，而且要巧妙運用說明方法。說明複雜的事物，可以採用分類說明的方法，這樣類別清楚，層次分明；要增強說明的生動性、形象性，使被說明事物的特徵變得鮮明突出，可以採用比喻說明的方法；而要使讀者準確地區別事物、認識事物、理解事物的本質特徵，則可以使用比較說明的方法，運用數字說明的方法。有時可以運用文藝性的說明方式，如用故事說明，可使文章情趣盎然，娓娓動聽；用對話說明，可使文章生動活潑，引人注目；用自述說明，可使文章親切自然，激發興趣。由於某種表達上的需要，也往往在某些適當的地方運用記敘、議論或抒情的表達方式，使文章在介紹一般知識的同時，顯得生動、活潑，但比重不應過大，不能改變「以說明為主」這一特點。

西紅柿史話

谷小小

　　營養豐富、味道鮮美的西紅柿，被人們譽爲蔬中水果、果中佳餚、綠色世界的紅寶石。

　　西紅柿又叫番茄，屬茄科，一年生草本植物。植株有短性、蔓性兩種，葉爲羽狀複葉，花呈淺黃色，種子扁圓，枝條長滿茸茸細毛，喜溫。

　　西紅柿既可作蔬菜，又可當水果，含有多種營養成分，尤其是維生素C的含量是西瓜的十倍。西紅柿對治療壞血病、感冒、過敏性紫癜症和提高人體抵抗疾病能力有著重要的作用。

　　人們普遍認爲，西紅柿原產於南美洲安第斯山區北麓的大森林裡，年復一年，春華秋實，卻無緣爲世人知曉，到了16世紀，葡萄牙考察隊來到了南美，發現這裡長著一片片生有豌豆般大小的野生小果的植物，小果紅艷可人。人們將它視爲一種觀賞的奇花異草，於是把它帶回了歐洲，用來點綴庭園。據說，英國人俄羅達里公爵在羅諾克島看見這種觀賞果實後非常喜愛，移了一株栽於花園，視如珍寶，並特意摘下艷麗的果實獻給伊麗莎白女王，以示熾熱的愛情；誰知公爵這一別致的舉動後來竟蔚然成風，不少貴族紛紛模仿。於是人們把西紅柿作爲象徵愛情的禮物，並譽之爲「愛情的

蘋果」，就這樣，西紅柿在歐洲不脛而走。儘管人們如此醉心於栽培西紅柿，但是在長達兩個世紀裡，美味可口的西紅柿在人們的餐桌上卻沒有一席之地。看起來西紅柿鮮艷，但它的枝葉上卻分泌出一種怪味液體，再加上它與曼陀羅、顛茄等茄科有毒植物屬同一家族，人們在欣賞之餘只能後退三分，認為只有狼才敢吃它，因而取名為「狼桃」。直至17世紀末，一個意大利人冒著生命危險第一次嘗試，發現西紅柿酸中帶甜，清爽可口。之後美國人羅伯特·約翰遜還向公眾做了吃西紅柿現場表演，在場人見他安然無恙，便跟著品嘗起來。18世紀初，西紅柿才正式作為菜餚登堂入室，西方人的餐桌上又增添了一道美味佳餚。

　　人們已經相信、並且接受了西紅柿源於南美的說法，但是，幾年前，成都博物館考古隊在成都的鳳凰山園藝場清理一座西漢木椁墓葬時，發現墓底層有一藤簡，裡面存放有一些不知名的農作物種子。為了防止出土的藤簡乾裂損壞，他們用濕布將藤簡覆蓋，誰知一個多月後，藤簡內竟長出四十多株形狀相同的嫩芽，經鑒定竟是西紅柿。這一發現使史學界極為吃驚，因為過去人們普遍認為西紅柿傳入歐亞只有四百多年歷史，而傳入我國僅有一百多年，而這座漢墓已有兩千多年。那麼，西紅柿的祖先究竟在哪裡？這個新的課題又擺到史學家的面前。

　　隨著生物科技的發展，人們對西紅柿的研究也越來越深入。日本人用溫室無土栽培法將草本的西紅柿進行嫁接，培植出一棵西紅柿樹，樹幹高16米，果實達三千多個，日本人稱之為「妖怪西紅柿」；美國加利福尼亞州培育了一種方

形的西紅柿，它比普通圓形西紅柿更豐滿，更適合機器採摘和運輸。

相信經過我們這一代的努力，不久之後，你將看到更加新穎別緻的西紅柿！

點評

　　文章首先介紹了西紅柿的一些基本情況，如科屬、種類、葉、花、種子的樣子、營養價值、藥用價值等。其次，文章從西紅柿的發現、作為觀賞植物以及最終被當做食品的經歷進行生動地介紹，並對西紅柿的原產地進行了探求。最後介紹了有關栽培方面的趣聞。

　　全文語言生動，敘述準確，有很強的知識性與趣味性。

蟈蟈籠子的製作

湯玉玉

　　做蟈蟈籠子是我的拿手好戲。每當看到那綠油油的一簇簇的燈芯草，我的手禁不住癢起來，便想做個蟈蟈籠子。

　　燈芯草——做蟈蟈籠子的惟一的材料。在田埂旁抽上8根長長的、綠得發亮的燈芯草，放在小河裡泡軟，洗淨上面的泥土，便可以編製了。

健康區

先將2根燈芯草對齊，剪去根鬚，再用另兩根燈芯草交叉放在上面，構成一個兩頭長兩頭短的「＃」字。接著，再用另4根燈芯草，兩兩對齊依次架在上面。這樣，蟈蟈籠子的底部便擺好了，就像蓋房子打好根基一樣。

擺好底部以後，最重要的便數纏繞了。先將一根燈芯草提起，繞根部一圈，然後接著繞，這種繞法叫「連環繞」。連環繞是最煩人的，如果繞鬆了，一扯就散了；如果繞緊了，做出的籠子就皺皺巴巴的。要用力得當，才能做出好籠子。如果一根繞完了，再提起另一根纏繞，直到蓋頭有四五釐米那麼大才行。做好蓋頭以後，要看看蓋頭的燈芯草是不是分布得很均勻，有沒有很大的空隙，如果鬆鬆垮垮就要重新整理。

底部完工，代表蟈蟈籠子已經完成了一半。最後一道工序，便是「節節高」。所謂節節高，就是把剩下的5根燈芯草，一個架在一個上面，就像蓋樓房那樣，一節一節地向上攀。若想把蟈蟈籠子做得又美麗又實用，就靠這道工序了。先將一根燈芯草架在蓋頭凹起的地方，再掀起另一根燈芯草，小心地架在前一節燈芯草上。這樣一根根、一節節架起來，架完之後，再把較長的幾根燈芯草像編辮子那樣編起來。封住口，一個小巧玲瓏的蟈蟈籠子就會展現在你的眼前。

如果燈芯草上有點點小花，那麼做出來的籠子，就會更加美麗。你要是想讓蟈蟈在裡面住得舒服些，還可以從中間的空隙裡插入一根小木棒，這樣蟈蟈可以在裡面翻跟斗。你一定會想，籠子做好了，蟈蟈怎麼進去呢？

不要著急，我告訴你一個訣竅，這個蟈蟈籠子，還有一個小門呢，不信，請看，在掛籠子的中間，在兩根燈芯草互相交接的地方，輕輕一撥，交接的地方就會互相錯開，門就打開了；如果輕輕一攏，門又會重新合上。

親愛的朋友，你們會做蟈蟈籠子了嗎？

點評

> 　　文章按照說明文的一般方法，首先介紹製作「蟈蟈籠」的原料。準備好了原料，在具體製作過程中，按階段分為三個步驟，從上到下，依次寫來，製作程序一目瞭然。全文有條理、有層次地展開，按照事物的結構逐一說明，寫得很出色。

延伸閱讀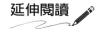

筷子的種類

　　筷子看起來簡簡單單，靈活小巧，卻質料各異，種類繁多。中國歷史上的筷子就有100多款，我們現在常用的有木頭的，竹子的，密胺的。但有更多的筷子是我們不常見的。

　　中國的筷子大致可分為五大類。它們是竹木筷，金屬筷，牙骨筷，玉石筷，化學筷。

　　竹木筷最普及，一直到現在還是很流行的。竹木筷，筷

健康區

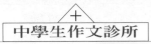

子中有很多竹木筷，比如說天竺筷，南竹筷，湘妃竹筷，這些都是竹子做的，最普通的是毛竹筷；木筷也有好多，比較有名的楠木筷，冬青木還有紅木，在清代的時候最熱門的是烏木，烏木在《紅樓夢》裡面有王熙鳳在劉姥姥進大觀園時，原來給她用的是鑲金的象牙筷子，劉姥姥用不來，就給她換了烏木的筷子，叫烏木三鑲箸，這是最大眾的竹木筷。

金屬筷，從青銅筷算起，還有金筷子，銀筷子，銅筷子，鐵筷子，現在發展到不銹鋼筷子。

牙骨筷，牙骨是指象牙以及野獸的骨頭，野獸的骨頭有牛骨頭，有駱駝骨頭，北方的大部分用駱駝骨頭做筷子，還有大象的骨頭等等。

玉石筷，玉的有漢白玉，羊脂玉，有翡翠，慈禧太后用的筷子有翡翠的，翡翠鑲金的。還有一大類就是我們現在最年輕的化學筷子，密胺的，塑膠的……

～風景如畫～

寫作指導

　　景物描寫是指與人物事件有直接關係的客觀環境的描寫，包括自然景物和社會環境這兩部分。自然景物的描寫，主要是指對時序節令、自然氣候、山川湖海、動物植物等自然景物的描寫。社會環境的描寫，一般是指人物活動的具體背景、場所、社會風俗、時代風貌和人與人之間的關係的描寫。

　　景物描寫的作用主要有三個：一是表現環境，二是表達人物心情、襯托人物性格，三是渲染氣氛。要把姿態各異的景物描寫好，必須注意以下幾點：

　　1.要善於抓住景物的特徵，把它逼真具體地寫出來。各地的景物都有自己的特徵。泰山的松石、華山的險峻、廬山的飛瀑、黃山的雲海、雁蕩山的幽雅、西子湖的嫵媚、錢塘江的潮湧、桂林山水的秀麗，都形成了它們各自的特色。同一地區的景物，也往往由於時間、季節的變化而使景物改裝換貌。

　　2.要注意寫景的線索，使景物描寫層次分明。寫景的線索，體現在寫景的順序上，一般有這幾種順序：a.時間變化的順序，b.空間方位的順序，c.景物類別的順序。

　　3.要注意寓情於景，情景交融。景物本無所謂情，只是

健
康
區

243

作者在寫景時，把自己的喜怒哀樂，褒貶愛憎傾注到寫景文章中去，使客觀之景，籠上了作者的主觀感情色彩，才產生了情由景生、情景交融的結果。

4.描寫自然景色要展示歷史畫卷，反映時代風貌。這就要求作者了解此地的有關歷史，將它融進時代的風貌中，借此使文章的內容更豐富，其主題也更深刻。另外，要用優美的語言和各種修辭手法去描寫景物。優美的語言和適當的修辭手法，讀起來令人有美的享受，如臨其境，如視其景，久久不忘。

繽紛四季

昆明的冬天

汪佳

　　一提到冬天，人們定會想到那銀裝素裹、白雪皚皚的風光，似乎那才是冬天該有的。然而昆明的冬天，卻是一派溫暖如春、充滿詩情畫意的景象。

　　人們把昆明譽為「春城」，這可是名副其實的。冬天了，昆明仍是碧空萬里、晴朗無雲。蔚藍的天空似乎那麼善解人意，微笑著對昆明的人們說：「放心吧，有我在，寒冷不會來打擾你們的。」太陽這位慈祥的長者，也對昆明這個可愛的孩子疼愛有加。一到冬天，便把溫和的陽光照在他的身上。所有的一切都似乎在宣告著，這是一個溫暖的冬天。難道不是嗎？昆明每到冬天，無論是大人還是小孩，都喜歡到院子裡去曬太陽。瞧他們那心滿意足的樣子，就知道他們心中沒有一絲寒意。

　　冬天，正是百花凋零、草木枯黃的時節。而在昆明卻依舊花團錦簇、綠樹成蔭。看，花兒隨處是，一朵朵像嬌氣的小姑娘，害羞地躲在綠葉身後，只露出半邊臉兒來。

　　在綠葉的映襯下，花兒越發的嬌美、鮮艷，叫人見了都捨不得用手去碰她那柔嫩的花瓣和枝葉。陽光給綠樹披上一

健康區

件金色的外套。樹葉更綠，綠得彷彿要滴下水來；也更亮了，亮得讓你睜不開眼。葉兒對這件綠色的外套似乎很滿意，努力地扭動著身軀，耀眼的金色就在陽光下一閃一閃的。她「沙沙」地放聲歌唱起來。歌聲迎合著風的節奏，組成一支優美的「風與葉的交響曲」。

遠方的客人紅嘴鷗的到來，使冬天的昆明倍增春色。翠湖邊、滇池畔，垂柳依依，湖水清澈見底。半空中，成群的紅嘴鷗歡叫著、翻飛著，就連湖上的小船的船頭、船尾也全是紅嘴鷗。每當看到這景象，人們就會說：「今天也許已經是春天了吧。要不，怎麼會這樣暖和，這樣生機勃勃呢。」是啊，這的確是冬季中的春天，這就是「春城」昆明的冬天。翠湖與滇池畔的紅嘴鷗，更給昆明的冬天帶來了無限的生機。

點評

印象中學生的習作，該寫些小事情，小人物，像「昆明的冬天」這樣的題目，太大了，也太難駕馭了。老舍先生有過名作《濟南的冬天》，這是大手筆才能寫的。讀罷本文，才覺得不完全是這樣。作者寫昆明的冬天，選材上很下了番功夫，依次寫了溫暖的陽光、嬌美的花樹和那成群的紅嘴鷗，這三幅圖畫表達了一種相同的感覺，即昆明的冬天其實是「冬季中的春天」。作者就是循著這樣的想法來選擇材料的，更兼以那準確生動的描寫，讀來真讓人有春意迎面而來之感。

秋葉飄飄

仝英

　　那是一個多雨的秋季，低空流淌著灰色的雲。秋雨瀟瀟灑落，可憐的秋葉小小的身子，怎禁得起秋風秋雨的襲擊，終於，衰竭了，離開了枝頭，飛旋著飄落下來！

　　行走在落滿秋葉的野徑上，我的心禁不住一絲悲戚，一片小小的秋葉悄然落入我敞開的領口，鑽入懷中，好涼喲！而我卻倍感溫暖、愜意──我明白了，你分明是在安慰我這顆惆悵的心，你向我娓娓訴說了一切──你的一生，使我深深懂得，生命不在於長短，而在於有沒有奉獻！於是我在心靈深處高喊：綠葉，我愛你平凡而又不凡的一生！

　　當春燕和著輕風流水歡奏春曲時，春風吹拂著大地，禿枝叢中，你又綻開了新芽，勃發了生機。那綠色的葉，顯示出了不盡的活力。開始是隱約可見的一顆嫩芽，微微的在枝間點綴，綽約得如同蒙著面紗的倩女的臉。你盡情地吮吸著大地母親的乳汁，過不了幾天，便舒展開了你那翠綠的身子，如綠衣仙子翩翩起舞似的在枝頭抖動。

　　那令人羨慕、蒼翠欲滴的綠呀，不就是嶄新的生命嗎？不就是久已孕育的希望嗎？

　　盛夏，你以盎然的生機賦予夏以生命和丰釆，你不迴避烈日的灼熱，默默地進行著光合作用，把製造的養料毫無保

留地送給了花和果實，使花更艷麗，果實更甜美！

　　你的身體片片相依，組成婆娑的樹冠，驕陽似火，爲人們織出綠陰一片，而自己卻甘受驕陽的炙烤。

　　然而，正值金風送爽的十月，你卻要凋零了，而且，在生命的最後一息，還不遺餘力地去描繪金秋大自然的畫卷，爲人們留下最後的一絲美。不是嗎？高遠澄碧的蒼天下，不就因爲有了你才顯得五彩繽紛嗎？你沒有牡丹的雍容華貴，沒有桂花的清香溢遠，也沒有水仙的清柔和素雅。你太平凡了，令人熟視無睹。然而又有誰能否認你內在的品性？那黃色的、火紅的……這任何人也抹不去的迷人的色彩，不是你在用生命的血汗作畫嗎？即使那殘存的綠意，不也仍向人們顯示著希望，傳遞著春的信息嗎？

　　你飄落了，打著旋，緩緩落下，是留戀枝頭，還是憂鬱悲傷？不！都不是，那是你投入大地母親懷抱時欣然的婆娑舞姿，是向母親表示著赤子之心──「樹高千丈，葉落歸根」啊！

　　「落葉不是無情物，化作春泥更護花」，經歷了嚴冬的磨難與春的更新，你坦然化作泥土，以自己的生命去滋養、護理新的生機。於是，葉兒更青翠，花兒更絢麗，果實更甜美……

　　秋葉飄飄，秋雨瀟瀟，好壯麗的風景啊，你帶走了我內心的迷惑──我曾無數次尋找一個美好的未來的職業，然而最終我還是選擇了「葉」的職業，因爲我愛秋葉，也願化作一片秋葉！

點評 🖊

　　秋葉飄飄，令人動情。作者以抒情的語言進行描寫和議論，具有很強的感染力。本文先後抒寫了樹葉的四季一生，詳寫春、秋之葉，略寫夏、冬之葉，突出了每個季節樹葉的特點。作者以擬人化的手法寫樹葉，其實是寫生活中那些具有同樹葉一樣性格的人們，歌頌了他們無私奉獻、甘守寂寞的精神情操。詠物寫人，是這篇作文構思上的特點，抓住物的特點寫出人的鮮明個性特徵，是寫好這一類型作文的關鍵。

延伸閱讀 🖊

池塘生春草，園柳變鳴禽。

　　　　　　　　　　——南朝（宋）・謝靈運

新年鳥聲千種囀，二月楊花滿路飛。

　　　　　　　　　　——北朝（北周）・庚信

人閑桂花落，夜靜春山空。
月出驚山鳥，時鳴春澗中。

　　　　　　　　　　——王維

健康區

249

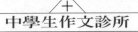

天街小雨潤如酥，草色遙看近卻無。
最是一年春好處，絕勝煙柳滿皇都。

——韓愈

三月殘花落更開，小簷日日燕飛來。
子規夜半猶啼血，不信東風喚不回。

——宋·王令

氣象萬千

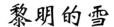

黎明的雪

侯丹

　　天還沒亮，我卻醒了。藉著窗外昏暗的燈光，我看見有星星點點的雪花飄過。又下雪了，已記不清這是入冬以來的第幾場雪了。

　　黎明前的世界是寧靜的，黎明前的雪景更是最美的。

　　墨色的天幕像一張鋪天的大毯，無數朵潔白晶瑩的雪花如天使一般紛紛降下。第一陣落在地上，大地披上了一件薄紗衣，微風吹過，似珠簾卷起，再配以城市的寧靜，你會感覺到大地也在跳舞。

　　第二陣本想也來湊熱鬧，不慎被攬入樹的懷抱，於是樹木也戴上了美麗的面紗。夜幕下，顯得更加婆娑，雖然已是葉落枝枯，但在雪的裝飾下卻格外絢麗。我想樹木也一定看到了春的希望，聽到了春的腳步。

　　接著第三陣，第四陣……無垠的天幕上不斷地撒下這希望的花朵。於是雪花紛紛揚揚，悄悄地往下降。霎時，滿天，滿地，滿樹都有它們的影子。它們給房屋穿上了白外套，給路燈戴上了白禮帽，給路邊的枯草蓋上了一層雪被子。

251

雪花在空中嬉戲著、飛舞著。「雪家族」特有的潔白在微明的天空中特別耀眼。它滌蕩了世間的一切塵埃，送走了嚴冬的寂寞。它自由地來，又自由地去。這一來一去很是瀟灑輝煌。這自由的精靈啊！天空是它的舞台，大地是它的嚮往，它想怎麼飛就怎麼飛，想怎麼落就怎麼落。世間的一切盡收於它的眼底，在它看來，世界是清亮的、自由的、歡樂的。

雪還在下，靜靜地下，輕輕地落在我的窗前，撫慰我的雙眼。困意襲來，我又進入了夢鄉。

再醒來已是清晨，雪停了，太陽普照著大地，照得雪花晶瑩剔透。不見雪飛，我有些失望。誰想剛剛走下樓，一陣微風掠過，飄下雪花點點。我接住一朵，很快，它融化了，只剩下清澈的、含笑的水珠。我知道它是那曾在黎明飛舞的雪花的化身。它似乎在告訴我，它愛這個世界，無論是作為潔白輕盈的雪花飛舞在微明的天際，還是作為圓潤晶瑩的水滴滲入陽光下的土地，它都是為了這個世界而美麗，為了這個世界而沉寂的。

點評 🖊

> 　　本文的描寫很有特色。作者仔細觀察和捕捉了「黎明的雪」一陣又一陣的過程和不同特點，依次寫來，具體而生動地再現了下雪的前後過程，突出了雪的特點。避免了很多同學一進行描寫就堆砌大量形容詞的毛病。作者不是為描寫而描寫，描寫之後，很自然地引發了充滿抒情色彩的議論文字，揭示了雪花以及最後融於大地

的雪水的精神，並表示了作者由衷的喜愛和敬佩，這樣，也使本文的描寫得到了昇華。

聽　雨

陳燕

　　春節到了，春寒也接踵而來。雨飄灑起來了。點點滴滴，淋淋漓漓，迷迷濛濛，淅淅瀝瀝。天濕地潮，眼簾裡全是一朵朵斑斕的小花，在涔涔的雨季裡穿行。

　　雨，該是春的使者。漫天的淋淋漓漓，似乎沒有一點重量。微風拂過，便斜斜地輕揚，給悄然復甦的萬物籠上一層朦朧的白沙。雨裡帶來些空淨清新的氣息，有些像薄荷的清香，濃郁時，竟發出泥土的香氣，畢竟是春天了啊。雨在人家的傘上、屋頂上、草木的綠葉上、花瓣上，跳起輕盈的舞蹈，演繹著水的柔情。

　　小時候不喜歡雨季，因為媽媽說雨是天公的淚滴。

　　我不喜歡天公哭，因為他一哭，我就不能去草地上「扮家家酒」了。在那些陰冷的雨季裡，我偎依在媽媽身邊，折紙鶴、玩媽媽的線團，度過那讓我討厭的季節。現在想想，卻是那些雨季讓我感受家的意義，媽媽的溫情，竟也感謝那雨、那雨季了。

　　長大了，我愛上了聽雨。只要不是狂風暴雨，雨聲在聽

健康區

覺上總是種美感。疏雨滴梧桐也好，驟雨打荷葉也罷，韻律都清脆可聽。尤其是敲在屋瓦上的古老的音樂，柔和而又鏗鏘，遼遠而又逼近。叮叮冬冬，好像無數珍珠落在玉盤上。重重輕輕，密密細細，點點滴滴，彷彿李斯特黑鍵白鍵間的馳騁，俞伯牙《高山流水》中的沉吟。那古老的琴，那蒼涼的節奏，叩過千片瓦萬片瓦，即興演奏單調裡的神韻，間間歇歇敲一個雨季。

在綿綿的雨夜裡聽雨。雨滴落在窗玻璃上，點點滴滴。迎著窗前燈光，折射出濕濕的流光。在氤氳的雨氣和迷離的雨意之後，一點點黃暈的光泛濫開去，溶化成模糊而柔和的光團，連結在一起，烘托出一片安靜而平和的夜。滿世界輕盈的雨聲，彷彿兒時媽媽催我入夢的童謠，好似紅花綠葉間燕子的呢喃。窗下偶爾的車輪輾過我飄忽的思緒，將它拋給祥和的雨夜。

雨是最最原始的敲擊樂，從世界的開端響起。透明的溫柔覆蓋著聽雨的人，年年如是，走過一個又一個雨季。重複的作陪並沒有因時間的久遠而衰老。一代又一代人沿承著祖先「小樓聽春雨」的雅興，在小說中時常出現的「聽雨軒」裡，似聽雨美人黑白鍵間的「多來米」。

又是雨季。窗外飄灑著細雨。點點滴滴，淋淋漓漓，迷迷濛濛，淅淅瀝瀝。

寫景妙在獨具慧眼，能在平常事物上看出不平常的美，找到一個全新的視角，抒發出自己獨特的感受，本文就是一篇詩意盎然，使人耳目一新的佳作。文章寫得很舒緩，很細膩，很美，很動人，幾乎句句皆佳，令人沉浸在聽雨的審美感受中。看得出作者很有古典詩詞的功底，有著散文詩一樣的筆調。

延伸閱讀

我國古代的天文學家

　　張衡（公元78-139年），我國東漢時期偉大的科學家、文學家、發明家和政治家，在世界科學文化史上樹起了一座巍巍豐碑。在天文學方面，他發明創造了「渾天儀」（公元117年），是世界上第一台用水力推動的大型觀察星象的天文儀器，著有《渾天儀圖注》和《靈憲》等書，畫出了完備的星象圖，提出了「月光生於日之所照」科學論斷。

　　張衡在太史令任內，積極從事理論研究工作，系統觀測天體運行，著《靈憲》等書，創制渾天儀，且在曆法方面也有所研究。《靈憲》是張衡積多年的實踐與理論研究寫成的一部天文巨著，也是世界天文史上的不朽名作。該書全面闡

健康區

述了天地的生成、宇宙的演化、天地的結構、日月星辰的本質及其運動等諸多重大課題，將我國古代的天文學水平提升到了一個前所未有的新階段，使我國當時的天文學研究居世界領先水平，並對後世產生了深遠的影響。

郭守敬（1231-1316），中國古代傑出的八大科學家之一。爲了精確匯集天文數據，以備制定新的曆法，郭守敬花了兩年時間，精心設計製造了一整套天文儀器，共13件，其中最有創造性的有3件：高表及其輔助儀器，簡儀和仰儀。郭守敬根據觀測的結果，於公元1280年3月，制訂了一部準確精密的新曆法《授時曆》。這部新曆法設定一年爲365.2425天，比地球繞太陽一週的實際運行時間只差26秒。歐洲的著名曆法《格里曆》也規定一年爲365.2425天，但是《格里曆》是公元1582年開始使用的，比郭守敬的《授時曆》晚了整整300年。郭守敬在天文曆法方面的著作有14種，共計105卷。直到很晚，世界各國的科學界才逐漸了解他。

李善蘭（1811-1882年），清代天文學家、數學家。在天文學方面，他翻譯了赫歇耳的《天文學綱要》一書，名爲《談天》，於1859年出版。書中介紹了哥白尼的學說，李善蘭在序言中闡述了自己的觀點，說明日心體系和行星運動中的橢圓定律等是客觀存在，他還批判了前人對哥白尼日心說的攻擊。他對天體橢圓軌道運動等的解算進行過研究，提出了自己獨特的解算法，其中最主要的是他第一次在中國使用了無窮級數的概念來求解開普勒方程。他的著譯甚多，他曾將自己主要的天文、算學著作彙編成《則古昔齋算學》一書。

青山秀水

秋遊香山

柳焱

　　秋天正是遊香山的好時節，人們都說這時候的香山是「霜葉紅於二月花」。只有身臨其境，你才會有這種感受。

　　那天我來到香山腳下，當我看到那滿山的紅葉時，不禁呆住了：因為它比我想像中的還要美麗，還要壯觀。只見那起伏的群山上到處是一片片火焰似的紅葉樹，比起別處秋天的冷落、蕭條，這裡要令人振奮得多了。

　　順著山道往東走，路邊的樹彷彿被誰染了似的，看似不經意的一抹卻恰到好處，不論從哪個角度，面對你的都是熱烈奔放的火紅。這些紅葉在微風的吹動下，讓人覺得那紅都在流動。它是活躍的，使我覺得這紅葉本身就是一個美麗的童話……

　　我陶醉在這紅葉編織的童話中，忽然聽見有人喊：「你們看前面那片『紅葉』多美啊！」我往前一看，呵！那是一片多好看的「紅葉」呀！於是我快走了幾步，來到「紅葉」前，一看，原來這是由一百多把紅傘組成的美景。工作人員告訴我，這是「人工紅葉區」。

　　人工紅葉區就在一片松柏林中，真可謂萬綠叢中一點

紅。它雖沒有天然紅葉自然，但卻有天然紅葉所沒有的美。園林工人為了讓公園更美，使遊人更滿意，從而辛勤工作，才有這樣浩大壯觀的景區！

這時我繼續往山上走，到了山頂，低頭一看，下面又是一番景象：火紅的紅葉，青翠挺拔的松林，披著黃袍的銀杏，滿身銀白的白楊，互相映襯，組成了一幅和諧的風光畫。這時，誰能不讚嘆大自然的妙筆神工呢！是大自然給香山添上了這麼多的色彩，使本來還有些蕭瑟的秋季變成了比春天還富有內涵的時節。我們更要讚嘆公園的園林工人，是他們使本來不很美麗的大自然，又添了幾分嬌美，楓樹不正是在他們的巧手修剪下變得讓人陶醉了嗎？

我邊想邊往山下走，要不是時間有限，我就是在這裡看上一百天也看不夠呀！我邊走邊回頭望，十分留戀，期待下次來香山還能看到這無比壯觀的香山紅葉！

點評

作者根據自己的親眼所見，採用「移步換景」的寫作順序，描述了香山紅葉的景色，層次清晰，主題集中。在寫景的過程中穿插了抒情和議論，並把靜（紅葉）與動（園林工人）進行了巧妙的組合，很有新意，也深化了主題。比喻、擬人等手法運用恰當，語言優美。

桂林的山

蔡一鳴

　　同學，你到過桂林嗎？你欣賞過桂林的奇山異洞嗎？在清澈明淨的百里漓江上，群峰倒影，俊逸秀美，自古以來不知吸引了多少遊人。小小的桂林已成為中華錦繡河山中的一顆璀璨明珠。

　　桂林的山在地質上稱為喀斯特地貌，也叫岩溶地形。幾億年前，這裡曾是一片汪洋，由於幾百萬年前的一次造山運動，滄海成為桑田。洋底深厚的石灰質沉積層裸露在空氣中，空氣中的二氧化碳溶解在水中形成碳酸，碳酸就像許多銳利的小牙齒，一點點地嚙咬著石灰岩。歲月悠悠，地下就形成了許許多多的溶洞、暗河。後來，溶洞崩塌，窪地擴大，地表變得支離破碎，溝壑縱橫，終於形成了今天的碧蓮玉筍的世界。

　　桂林的山，不像西岳的怪石崢嶸，不及太行的蒼茫雄渾，更不比秦嶺的群峰連綿。桂林的山，經大自然鬼斧神工的雕琢，形成了突兀、挺拔、錯落有致、玲瓏剔透的風格。加上山岩綠樹翠蔓，形成一種溫潤和諧的美。唐代韓愈詩「山如碧玉簪」，便寫出了桂林之山的神韻。

　　「桂林山奇，當為天下第一」，范石湖道出了桂林之山的最大特點。「突兀一峰衝天衢，萬笏千筍平空鋪」，就是

健康區

這最好的寫照。由於桂林基本為岩溶地形後期，地表日趨平坦，只有一些峰林殘留下來，這些相對高度只有幾十米的孤峰自然顯得突兀而起，出類拔萃了。它們的形態也很奇特，有的如巨象飲水，有的如蒼髯老者，有的如沙漠之舟，有的如擎天巨柱……真是群峰爭聳，姿態萬千，引起人們無限的遐想。

桂林的山，「山山有洞，無洞不奇」。這裡由於長年水流沖刷，形成了許多溶洞。溶洞中碳酸鹽結晶，千奇百怪，精巧別緻，被燈光一照，便閃爍出瑰麗無比的折光。被稱為「大自然藝術之宮」的蘆笛岩，更是集人間珍奇之大成。洞中的石鐘乳、石筍、石幔、石柱千姿百態，有的形似五彩羅帳，有的宛如千丈飛瀑，有的似水晶宮殿，有的活像花果仙山，真是琳瑯滿目，美不勝收，令人嘆服天工造物之奇。

桂林的山，不僅風景優美，而且有多種用途。許多溶洞中由於隔熱效果良好，可用做天然倉庫。構成山體的石灰岩則是燒製石灰的原料。然而，這些天然藝術品提供給人們的最寶貴的價值，當數旅遊資源。多年來，桂林山水早已被開發成為世界遊覽勝地。特別是實行對外開放政策以來，各風景點不斷被修整、更新，增添了很多設施，迎接了更多的遊人。

桂林的山是祖國萬里江山的一大瑰寶。在桂林人民的辛勤勞動和聰明才智的妝點下，桂林的山，必將更加美麗，放射出更為奪目的光彩。

這是一篇出色的寫景散文，又是一篇具有科普性質的小品文。作者以凝練生動的筆觸爲我們繪製了甲天下的桂林奇山。文章風格清新，行文優美，寫景細緻入微，講理娓娓道來，讓人讀來不知疲倦。

小品文的特點是以科學爲依據，用文學化的手段來使讀者了解某方面事物、景物、人物的一種文體。作者很好地把握了此類文體的精髓，即講理要形象生動，抒情要準確貼切。

文章文采橫溢，詞彙量很豐富，欣賞起來清新悅目。尤其是成語的連貫使用使人體會到了語言的感染力，又加之古詩的引用更增添了文章的書卷氣。

文章最大的特點是能抓住景物的主要特徵，緊緊圍繞一個「奇」字來進行說明和描寫，使人倍感驚奇，也不禁同作者一同讚嘆天工造物之奇了。

延伸閱讀

世界文化遺產

長城‧故宮‧莫高窟‧秦始皇陵‧周口店「北京人」遺址‧承德避暑山莊及周圍寺廟‧孔府及孔廟和孔林‧武當山

健康區

古建築群・拉薩布達拉宮

世界自然遺產

武陵源風景名勝區・九寨溝風景名勝區・黃龍風景名勝區・三江並流

世界文化與自然遺產

泰山・黃山・峨眉山／樂山大佛風景名勝區・武夷山風景名勝區

文化景觀

廬山風景名勝區

❧ 想像天地 ❧

寫作指導

　　在翩翩思緒中，跨越時空的限制，突破現實與環境的侷限，上下五千年，縱橫八萬里，讓時光「倒流」或「預支」，讓天地濃縮或擴展，通過已知的形象預測未知的形象，這就叫預測想像。

　　說起科幻故事，同學們都很熟悉。大家最愛看的動畫片《奧特曼》、《新鐵臂阿童木》、《海爾兄弟》等，都在講述著一個又一個的科幻故事。這些科幻故事最顯著的特點，就是具有鮮明的科學性。

　　科幻故事有許多新奇絢麗的幻想。但是，他們的幻想不是吹牛說大話，不是胡思亂想。這裡的幻想是以科學知識作基礎，以嚴密的科學推論為依據。科學幻想依仗於科學知識才得以成功的構思。所以，**要想寫好科幻故事，同學們首先要有豐富的科學知識**。這就要求大家平時要多看科學方面的書籍，如《十萬個為什麼》、《少年科學》、《我們愛科學》等刊物。通過看課外書，來吸收營養。除了看書以外，還要做生活的有心人，留心觀察周圍事物的變化，善於動腦筋思考問題，只有這樣才能積累豐富的科學知識。有了紮實的科學知識作基礎，才會有成功的科學幻想，才會編織出美麗而又有情趣的科幻故事來。

　　其次，寫好科幻故事，新奇大膽的想像也很重要。這類想像作文，與現實的結合非常緊密。科幻本身就是在現實基礎上的一種想像的飛躍。敢幻想，愛幻想，是少年兒童的優點和天性。幻想不是寫實，只要發覺現在的東西不理想，就可以張開想像的翅膀，在愛心的驅動下，用科學推理導航，自由飛翔。當然，科學幻想也不能空想，不能胡思亂想，一定要以現實為基礎，要有一定的科學性。科學幻想不怕將來做不到，就怕現在想不到。古人幻想人能像小鳥一樣在天空中飛行，當時有誰會信呢？然而今天飛機卻成了我們的交通工具。連我們最常見的玻璃如今在科學家的手中也變得神奇非凡，他們發明了防彈玻璃、防盜玻璃、變色玻璃、噪音玻璃等。曾經有一個小朋友說，他想發明一種變形玻璃，用這種玻璃製成汽車外殼，遇到碰撞時，汽車會自動變形，而總的體積不縮小，這樣一來，車禍就可避免了。大家看，他的幻想多麼美好，多麼新奇，多麼大膽呀！今天，這只是同學們大膽的幻想，明天，經過科學家們的不懈努力說不定會變成現實，造福人類。當然，幻想不是現實，我們只有紮實、持久、創造性地學習和工作，才能將今天的幻想變成明天的新發明。

　　最後，寫好科幻故事的關鍵還在於小作者的愛心。科學幻想不是夢想，而是美好的搖籃。它是對明天的嚮往，它是愛心放出的光華，它是新的科學發明的藍圖。它的目的是造福人類，造福萬物。它是同學們愛心迸發的暢想。一個人有了愛心才會想到為別人排憂解難，頭腦中才會有這樣美好的幻想。試想一下，假如一個人自私自利，不學無術，好吃懶

做，一肚子壞水，他會為別人著想嗎？他會去創造美好的生活嗎？他的頭腦裡會有這些美好的幻想嗎？不！當然不會。那就讓我們用愛心，掌握豐富的科學知識，再加上新奇大膽的想像，來創造成功的科幻故事，去彌補今天的不足，去編織五彩斑斕的明天吧！

假如我掌握了隱身術

倪良晶

　　小時候，每當看見動畫片中神秘的隱形人，我便羨慕不已。因此，我總是幻想自己有一天也能學會隱身術。我也曾為此編過不少美妙的故事，但其中的大多數都充滿了童年時代的天眞和幼稚。現在，我要再次展開想像的翅膀，飛進這個我曾經涉足過的思維空間。

　　假如我掌握了隱身術，我就在考試的前一天，利用隱身術設法窺視試卷內容。這樣，當考試卷發下來後，我就可以在同學們面前炫耀一番了。可再一想，這不成了作弊了嗎？學習還是得靠自己努力呀！當然，借鑒別人的學習經驗還是可以的。你不肯對我說，不要緊，有了隱身術，我可以隨時到你家來，觀察你學習方法中的高明之處，為己所用。取人之長，補己之短，這總不為過吧。

　　假如我掌握了隱身術，當我看到歹徒為非作歹時，我絕不會讓他再猖狂下去。只要我一隱身，就可以毫無顧忌地與之搏鬥。他看不見我，我卻能看見他，不管他手裡拿的是刀還是槍，我都不必懼怕。我無處不在。我會打得他分不清東南西北……今後，不管他走到哪裡，他將永遠記得那頓拳打腳踢——我對他的懲罰。

　　假如我掌握了隱身術，我會去日本。我將悄悄地走進教

育部大樓，將幾十年前的那場血腥的南京大屠殺、日軍侵華時施行的「三光政策」史實一一詳細地寫進中小學的歷史課本中，讓那些日本青少年能夠正視歷史，看清真相，少一些對大日本帝國的崇拜，多一些對世界和平的渴望。

假如我掌握了隱身術，我將……

哎！值得我想的東西太多了。隱身術何時才能為我所用呢？我不知道。但我知道，理想都要靠我們親自去實踐。讓我們攜手努力，去實現我們共同的願望吧！

點評

　　文章一開頭，僅用寥寥數語，寫出了自己幼小時候對隱身術的憧憬和幻想，為思路的拓展蓄足了氣勢。文章第二段用隱身術取人之長，補己之短；第三段用隱身術來與歹徒作鬥爭；第四段用隱身術來揭示南京大屠殺的真相。這樣層層拓展，高屋建瓴，入木三分。

　　鳳頭、豬肚，尚需豹尾，如果虎頭蛇尾，豈不功虧一簣？小作者深諳此理，於是順理成章，水到渠成，以簡練的筆調，把「幻想」推向高峰，表達自己的美好願望，與開頭相呼應，收到首尾圓合的藝術效果。

健康區

發生在2115年……

邵秋榮

「『1983TB』小行星要與地球相撞了！……」人們驚慌地傳遞著這一嚇人的消息……地球熱得直冒熱浪，陣陣的熱氣直燒得草枯葉焦。人們像發了瘋似的，被這一消息驚呆了。貪婪的商人關閉了巨大的商場，官運亨通的老爺們放下了威嚴的架子，農民拋下了機械，工人放棄了難求的職業，學生們丟下了書本……他們都變成了逃亡者……

時鐘在不停地擺動，死亡越來越近。吝嗇的，拿出了所有的錢財；富貴的，送出了全部的地位……他們都奔向「太空天文台」，向天文台打聽地球毀滅的準確時間……

「1983TB」行星，正以每小時8萬英里的速度逼近地球……

這到底是怎麼一回事呢？

原來早在1983年10月11日，國際紅外線天文衛星ZRAS發現了一顆繞太陽運行的小行星，它被命名為「1983TB」。1986年英國瑪麗皇后學院的天文學家Z‧威廉斯曾預言，130年後，「1983TB」行星將與地球相撞……以後長達一百多年的時間，人類科學院專門成立了「1983TB」研究所，證實了這一預言，直到今天，還沒有解救的辦法。離相撞的時間還只有四個月時間，人們怎麼能不驚慌呢？

太空天文台裡，人類最卓越的科學家們會聚一堂。美國著名中子能物理學家喬治·海明威站了起來：「我提議，在『1983TB』還未靠近地球時，用四百枚中子彈擊毀它。」他的提議得到了很多與會者的贊同。這時俄國地殼構造學家弗里·拉·布朗提出相反的意見：「四百枚中子彈的反作用力，足以使地殼破碎，這一做法是站不住腳的。」人們沉默著。印度「飛碟」研究學會理事達卡提議：運用飛碟牽引「1983TB」。人們又把話題轉到了飛碟上，飛碟之謎一直未能解開，人們都說不妨試一試。但是這一提議被美國「飛碟王」尼古拉否定了：「飛碟之謎一直不爲人知。其實飛碟並不是什麼外星球上的人，而是一種現代機器人，它是我國科學家早已發明的，被國家利用爲探聽機密的工具。」百年來的飛碟之謎終於在地球將毀滅之際揭開了。這時沒有誰再去憤慨美國的卑鄙行爲了。我國大氣物理學家趙光樸提出：「運用凝結的大氣能，將『1983TB』引離運行軌道。」他的提議被採納了。

　　人類復甦了，大氣能牽引實驗正在開始。第一個實驗目標：月球。科學家們打開了全部的鍵盤。第一步驟：收集大氣。只見成塊成塊的氣流都湧向預測的地點。第二步驟：將大氣納入運行軌道。經過周密測驗，決定了逆推月球運動方向後，再轉向使月球繞太陽運行。大氣能源器開關一啓動，只見天空一股巨大的氣浪推出，在天文望遠鏡裡，月球被氣浪推開，脫離了地球的吸引，像一團飄動的棉絮，搖晃不定。變向開關一扭，月球火速地穿入了太陽軌跡……

　　「成功了！成功了！」人們從電視裡看到了這一新聞，

奔走相告。國際科學院裡，人們並不平靜：月球畢竟離地球遠些，並未有反常運行軌道，如稍有不測，後果不堪設想。

離相撞日期越來越近了，三個月，兩個月……科學家們在夜以繼日地研究……

一個月，半個月……牽引「1983TB」的準備工作開始……一團團氣流雲聚到一起，電鈕轉動了，「1983TB」被托起來了。突然，「轟」的一聲巨響，氣浪與「1983TB」的衝擊力相撞，激起了滿天火花，地球表皮的建築物倒了70％，幸好作了準備工作，但還是有300名精神病人死亡。人們的心像是半天的雲，飄忽不定。科學家調離了變向器……「勝利了，人類勝利了！」……終於在地球和月亮之間又多了一個行星……

2116年元旦到了，人類結束了恐怖……發生在2115年的壯舉呵……電視節目裡，正播映太陽系的新構成──十一大行星圍繞太陽運行的實況（月亮再也不是衛星了）……及地球復活的實況──更新的摩天大樓拔地而起……又是一番新的天地。

點評

外星與地球相撞，地球毀滅，人類末日到來，曾是80、90年代一個時期的嚇人熱門話題。一些宣揚悲觀主義的書籍面世，一些鼓吹能拯救人類的偽宗教組織產生，一些關注地球和人類命運的人們積極從事科學的研究和探索。即使外星與地球相撞只有幾十萬分之一的可能，或只存在於遙遙無期的未來，但是從預防星際間各

種災變或改善地球生態狀況的目的出發，探討人類能否改變外星甚至自身運行軌道，能否主宰宇宙的「交通」，還是有積極意義的。科學的研究，在許多地方表現爲一種分類，一種比較，一種抉擇。小作者爲探索改變撞向地球的外星運行軌道的辦法，藉各國專家之口作了種種設想，這是一種分類；而後選擇了中國專家的辦法，這是一種比較和抉擇。最後獲得成功。小作者沒有把自己的科學設想簡單化，這符合任何科學發明創造的實際，給人一種眞實感，強化了實踐上的可行性。從思想意義上反映出一種科學研究應有的探索精神和嚴謹態度。

健康區

❦ 青春論壇 ❦

寫作指導

　　議論文，就是以議論為主要表達方式的文章。那麼，什麼叫議論呢？就是對人或事物的好壞、是非等表示意見。

　　如果我們對某個人或某種事物持否定的態度，那麼，所寫的習作屬於「駁論」議論文。

　　如果我們對其持贊同的態度，那麼，這樣的習作，稱之為「立論」議論文。

　　無論何種議論文，都要具備以下三個要素：

　　論點：即作者在文中所表達的觀點、看法或主張。

　　論據：即用來支持論點的根據。這種根據分事實和道理兩種，所以，便有了事實論據與道理論據的說法。

　　論證：即用論據來證明論點的過程。也就是擺事實、講道理。在議論文中，論據不能乾巴巴抄在紙上，要對論據作些分析，將它與論點之間的關係揭示出來。這個「擺」與「講」的過程，將論點與論據緊密勾聯的過程，便是論證。

　　以上三個要素中，論點是處於主導地位的。論據和論證全是為論點服務的。這也就是說，為了闡明論點的正確性，才需要論據和論證。

　　一篇優秀的議論文，應該是論點鮮明、論據充分、論證嚴密的。三者缺一不可。

怎樣才能恰當地溝通論點與論據的關係呢？下面我們介紹幾種常見的論證方法以及它們的具體運用。

　　1.**事實論證**。用事實作論據說明論點叫事實論證，又叫例證法。論證時，先擺事例，然後緊扣論點，對事例加以分析，揭示出它與論點的關係，使之起到論據的作用。

　　2.**引理論證**。引經據典或以公認的真理、準則等作論據證明論點叫引理論證，又叫引證法。論證時，引用的理論論據必須正確可信，而且要與原文意思相符，不能斷章取義，牽強附會。最後還要作必要的闡釋，揭示它與論點的聯繫。

　　3.**比喻論證**。用比喻的方法來證明論點叫比喻論證，又叫喻證法。論證時，設喻的事物應是人們熟悉易懂的；還要找準比喻事物和所論及的道理之間的相似點，相似點要易於讓讀者接受。

　　4.**類比論證**。將兩種屬性基本相同或相似的事物進行比較，揭示其相似點，推斷出有關結論的論證方法，叫類比論證。運用時，相類比的事物必須相似，相似點越多，說服力也就越強。

不要不懂裝懂

王睿

有這樣一則笑話：

問：您認為莎士比亞怎麼樣？

甲：還行，只是口感不如「人頭馬」。

乙：嗨！莎士比亞是一種甜點，您怎麼當成酒了！

莎士比亞，何許人也！酒乎？！甜點乎？！可憐莎翁一代文壇泰斗，卻被兩個不懂裝懂的無名小卒作踐成「穿腸之物」，真令人哭笑不得！笑話雖短，道理不淺，它告誡我們：不要不懂裝懂。

不懂就不懂，為何要裝懂？但凡有此陋習者原因有二：一是肚中本無多少墨水，偶然被人問住，欲明說「不知道」，又恐丟盡素日老臉，只好不懂裝懂，信口胡謅，答非所問，敷衍了事；二是自己能耐不多，卻不甘寂寞，就在人前人後，打腫臉來充胖子，擺出一副博古通今的架勢，張嘴就是「張飛打岳飛，打得滿天飛」，專唬那些學識淺薄之徒，借以揚名。如此而已。

不懂裝懂，有時真的唬住了一些人。於是我們有的同學就把它視作「珍寶」，堂而皇之地「借鑒」到學習中來了。上課時，最愛喊「懂了」的是他們；練習時，最愛說「簡單」的是他們；討論時，自鳴得意，口若懸河，引「經」據「典」

的是他們；不過到了考試時，咬筆桿、搔腦門，傻眼發愣的往往還是他們。為什麼一到考試就不知所措了呢？原因很簡單：這種同學肚子裡沒實貨，就像「嘴尖皮厚腹中空」的「山間竹筍」，一旦要顯真本事，能不露餡嗎？

可見，不懂裝懂其實是自欺欺人，是在求知過程中對待缺點和不足的一種錯誤做法。人不可能對任何事物都很了解，必然有很多需要彌補的地方。不懂裝懂，就像給不足之處蓋了層遮羞布，施了個障眼法，暫時擋住別人的視線，使自己得以苟延殘喘，到了真相大白的那一天，裝懂者終究要為自己的欺騙行為付出代價。濫竽充數的南郭先生終有灰溜溜逃走的那一天，自吹自擂的登徒子到底飽嘗了割鼻之苦……裝懂者無一不是搬起石頭砸了自己的腳，到頭來只落得竹籃打水一場空。所以真正的受害者不是別人，而是自己。我們那些不懂裝懂的同學也是這樣，如果不吸取教訓，還要繼續「裝」下去，次數一多，陷入惡性循環，自己也就變成不學無術的吹牛大王了。

因此，不懂裝懂不僅無用，而且有害。那麼，怎樣才能解決「不懂」這個問題呢？漢代鴻儒董仲舒曾寫道：「君子不隱其短，不知則問，不能則學。」這就已經為我們指出了解決疑難、彌補不足的辦法。一是「不隱其短」。要敢於承認不足，敢於自我解剖；少幾分羞澀與虛偽，多一些坦誠與謙虛；少幾分臭要面子的觀念，多一些不恥下問的精神。二是「不知則學」。學習是由不懂到懂的惟一途徑，是彌補缺陷、弄懂問題的法寶，是積累知識、充實自我的方法。只有踏踏實實地弄懂了每一個問題，才不會再犯不懂裝懂的毛

病。

　　《論語》云：「知之爲知之，不知爲不知，是知也。」
切記：不要不懂裝懂。

點評

　　　　引證論證是一種引用經典作家的言論或客觀眞理以
及公認的常理等作爲論據來證明觀點的論證方法。《不
要不懂裝懂》一文中就較好地運用了引證論證的方法。
如在形容打腫臉充胖子的不懂裝懂者唬弄人時，引用了
「張飛打岳飛，打得滿天飛」的笑話和一副對聯的上
聯：「山間竹筍，嘴尖皮厚腹中空」；在談到如何解決
不懂時，引用漢代鴻儒董仲舒「君子不隱其短，不知則
問，不能則學」的名言；結尾更以《論語》中「知之爲
知之，不知爲不知，是知也」給人警示，恰到好處。引
證論證要求少而精，要圍繞自己的觀點引證，切忌搞成
「語錄編排」，使文章呆板枯燥。

模仿與創新

陸蓓蓉

　　美國的金門大橋以建築奇偉、氣勢恢宏而著稱於世。在金門大橋附近有一座刻意模仿它而建築的大橋——彎曲大橋，除外觀外，其寬度、實用價值等均勝於金門大橋，但知名度卻遠遜於金門大橋，原因何在？有人意味深長地說：「這就是第一和第二的區別。」區別是什麼呢？金門大橋風格獨特是創新；而彎曲大橋只不過是金門大橋的翻版，是模仿。它們的造型相仿，內涵卻大有區別：因為模仿僅是停留在淺層次的思維活動，而創新則是更高層次的思維活動，所以它更高級、更被人們重視。正是創新推動著人類社會前進。

　　創新需要勇氣。創新需要打破原有的禁區，需要冒風險；而模仿徘徊於別人的老路，無風險更無需勇氣。開一代山水畫風的張大千，少時臨摹前清著名畫家石濤的作品，能以假亂真，但他並不滿足，毅然放棄模仿，以無比的勇氣開創了自己的山水畫法，震動了畫壇。如果他沒有勇氣停止製造石濤「贗品」，沒有勇氣自己探索，那世上就多了一位平庸的畫家，少了一位彪炳畫史的巨匠。

　　創新更需要高度的智慧。高爾基說過：第一個把少女比做鮮花的是天才，第二個則是庸才，第三個便是蠢材。的

確，創新的作品總能給人以耳目一新的感覺，因為它經過了人腦思維活動，由量變到質變。如果把創新比做撰寫一篇文章的話，模仿也只是將其化為鉛字，再印出幾篇來而已。

但這並不是說我們要一味地排斥模仿。模仿也是一種實踐活動，人們可以從模仿中獲得創新的靈感，找到創新的途徑，但不能囿於模仿。齊白石曾說：「學我者生，似我者死。」這個「學」字反映出從模仿到創新的過程，「似」便是滿足於模仿而不前行了。如果彎曲大橋設計者「學」而不「似」，想必世上又能多了一種奇觀吧。

我們需要模仿，但更需要創新，我們應放下包袱，開動機器，以百倍的勇氣和創新的精神，修建一座真正有中國特色的通往美好未來的大橋！

點評

這是一個關係型議論文。作者選材新穎，說理透徹，二者之間重點談論創新，主題鮮明。在寫法上有兩點值得我們學習，一是論證方法靈活多樣，有例證法、引證法、對比法等，選取的證據新穎典型，極具說服力，如張大千學畫，高爾基的話，齊白石的話，顯示作者豐富的知識。二是注意辯證分析，不說過頭話。文章在分清模仿與創新的區別後，說「但這並不是說我們要一味地排斥模仿」，結尾又說「我們需要模仿，但更需要創新」，極具辯證色彩。尤其是「一味」、「更」兩個詞頗有分寸感。

一家之計在於和，一生之計在於勤。——《增廣賢文》

滿招損，謙受益。——《尚書》

我們應該有恒心，尤其要有自信心。——居里夫人

辛勤的蜜蜂永沒有時間悲哀。——布萊克

才就是無止境刻苦勤奮的努力。——卡萊爾

成功＝艱苦勞動＋正確方法＋少說空話。——愛因斯坦

勤勞一日，可得一夜安眠；勤勞一生，可得幸福長眠。
——達·芬奇

吳敬梓冬夜「暖足」

《儒林外史》的作者吳敬梓，晚年生活很貧困，他住在南京大中橋時，只有古書幾十冊，日夜誦讀自誤。最後，連這些書也拿去賣掉買米。

冬天，吳敬梓缺衣少食，當然談不到買酒禦寒。他便邀請五六個好友，乘月色走出南京城南門，繞著城牆走，一路上唱歌、吟詩，你歌我和，直到天亮，走進水西門而散，夜夜如此。由於走了幾十里路，全身就暖和了，吳敬梓幽默地稱夜間之行為「暖足」。

我讀我看

寫作指導

從「讀後感」這三個字來看它有兩個要素：「讀」和「感」。「讀」就是所閱讀的原材料，「感」，就是作者自我的感受感想。一個「後」字揭示了二者的關係，「讀」以後「感受」，「讀後」是對「感」的限定，由此可見「讀後感」中的關鍵和核心是寫「感受」，而這種感想感受又不是憑空設想，而是基於「讀」的基礎上所產生出來的。

由此分析可知，讀後感的作文主體是「感」，一定要在文章中寫出自己的所感所想，它可以是讀後所產生的某種感觸，也可以是某種啓發，還可以是某種想法。這些「感受」必須是讀後自我內心的一種真實的想法，來不得半點虛假，否則就會讓人感到虛空和毫無價值。

強調「感」在讀後感中核心地位的同時也不能忽視「讀」的作用。「讀」是基礎，「感」由「讀」產生，讀後感中要有「讀」的內容，但不能以「讀」代「感」。這就要求同學們在寫作時要用簡明扼要的話將「讀」的內容引出來。對原作的引述不能過多，引述時可直接引述，也可間接引述。所寫之「感」必須是由「讀」而引發的，不能是脫離了「讀」的自由發揮，而應該緊密聯繫原材料的內容、中心，確立自己的觀點、看法、體會。為了使這些「感受」具有較深的意

義，要做到兩個聯繫：一是自己的實際，二是社會現實，這樣所寫之感才有針對性和現實意義。

　　另外需注意讀後的感受也許是複雜的、多樣的，但寫作時只有抓住感受最深的一兩點來寫深寫新寫透。

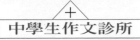

讀《三國》所思

劉牧歌

「魏吳爭鬥決雌雄，赤壁樓船一掃空，烈火初張照雲海，周郎曾此破曹公。」

赤壁一戰，魏軍元氣大傷。曹操大敗而歸，身邊僅張遼引百餘騎跟隨，後雖得徐晃、馬延等率部救援，但幾次中了伏兵，只得抄近路投華容道。卻不知正中了諸葛孔明之計，三番五次地遭到阻截，最後「人皆飢餓，馬盡困乏，四下嚎哭一片」。

卻說最後僅三百餘騎跟從，至一險要處，只聽一聲號炮，關羽攜五百校刀手一字排開，操頓首大呼：「吾等休矣！」只好派人乞求。當時這位一代梟雄的樣子一定很難看。

可就是那位以義氣為重的關雲長，竟然為當年曹操的一點恩情而義釋曹操，實令人嘆息。一面嘆息關雲長義氣太重，一面嘆息一個天大的機會給輕易丟了，最後還差點把性命賠上。

在這一片嘆息中，我卻以為關雲長假如並不放開金鎖走蛟龍，而將曹操殺之而後快，不出幾日，魏軍無主，必潰不成軍，小卒兵力便可盡數剿滅，從此再不足為患。

兔子殺盡，便要宰獵狗了。

此時各路諸侯均已肅清，只有牽附在孫權那兒的劉備劉玄德，卻尚未成氣候，但早已是公認之英雄。若日久待其羽翼豐滿必成為心腹大患。所以倘若曹操死於亂軍之中，等吳軍消滅了魏，他們的下一個目標很可能是劉備。劉備當時寄人籬下，根本無力與孫權抗衡；且周瑜甚忌諸葛亮之才，早有殺亮之心，他若在孫權那兒嘮叨幾句，劉玄德還想要他那條小命嗎？

　　這樣一來，若留曹操一條生路，讓他回去休養生息，看似放虎歸山，其實也保全了自己。這樣不但可使北魏一段時間內不再去復仇，還可令東吳留存一禍患，起到牽制作用，不敢對劉備輕舉妄動。一舉多得，何樂而不為呢？

　　另外，還有一個不是理由的理由：當時劉備雖兵少將寡，但關張等人皆有萬夫之勇，更兼魏延等亦非等閒之輩。在山路崎嶇，一夫當關萬夫莫開的華容小道，幾道重圍，怎能困不住幾百個敗卒和幾員敗將？特別是行到趙雲把守的關隘時，那位曾在當陽長阪血染於萬人之亂軍中救出幼主的驍將，在那兒卻幾乎是有意讓曹兵過去而並不追趕，只在後面搶奪軍械。難道張飛、趙雲他們都是吃乾飯的？不想立功？顯然不可能。

　　故而我以為，關雲長義釋曹操，其實是諸葛亮等幕後指使而非關老爺意氣用事的結果。

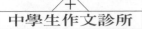

點評

　　赤壁一戰，魏軍潰不成軍。華容道關雲長義釋曹操一事，引起了許多爭議。而小作者卻以其獨到的眼光，重新審視了這個歷史事件。從「釋」與「不釋」中展開議論，並提出了自己的看法，別有一番道理。

　　文中分別從不同情況和人物入手，分析利弊，最終得出了「非關老爺意氣用事的結果」的結論。充分體現了他對事態發展的分析能力。語言精煉，且不失幽默，給人以耳目一新的感覺。

永恆的靈魂
——重讀《海的女兒》

朱蓉蓉

　　小時候，我們大多都寫過這樣的句子：「天上的星星像眼睛，眨呀眨的。」可是那時的我們絕不會想到那星光發出於幾百萬年前。事實上，正如霍金所說：「我們看到的是過去的宇宙。」

　　「望星空，我不禁感到惆悵。」詩人郭小川在一首《望星空》中這樣寫道。科學巨匠愛因斯坦也曾說過，面對廣袤深邃的宇宙，他深感自己是那麼寒磣。不僅是他們，其實，

無論昨天或是今天，面對宇宙的浩渺，人們總感到自己是渺小的。然而不同的是，有人因此更加努力地學習、工作、生活，濃墨淡彩地抒寫著人生；有人卻因此覺得歲月流失、生活乏味而沒有意義，於是渾渾噩噩，得過且過。

　　其實，能夠來到這世上總是幸運的，能成為一個有思想的人，那更是幸運的。是的，也許時間的潮水沖刷著一切，多少東西都不見了痕跡，然而思想不會隨波逐流，永恆的是靈魂，它不會被時間之流沖走。永恆的靈魂是什麼？柏拉圖可以告訴你。他說：「那是理性的世界。」正像孩子用沙土築成的城堡，重要的不是沙堡這個東西，而是那個孩子在建築沙堡之前，在他腦子裡想像好的沙堡形貌。

　　「在海的遠處，海水那麼藍，像最美麗的矢車菊的花瓣。」閉上眼，彷彿看到了安徒生筆下那迷人的海，那兒是美人魚的故鄉。那可愛的小美人魚——海的女兒追求著一個永恆的靈魂，一個「像人類所擁有的永恆的靈魂」，為此，她寧願捨棄300年無憂無慮的生活。在她變成泡沫的時候，天空的女兒告訴她：「你已經成為精靈了，你若在300年中做滿足夠的善行，你也可獲得一個永恆的靈魂。」安徒生以清澈優美的文字，輕輕地告訴了我們：真、善、美，它們是永恆的靈魂中的居住者，我不由覺得人們一次又一次地為這個童話所感動，也許正緣於人們對真善美的嚮往與追求。畢竟，一切真善美的東西，人們總是讚美的，人們總是渴望的。即使在高度物質化的今天，當一些東西正在被悄悄遺忘的時候，真善美依然在人們心靈深處熠熠生輝。古往今來，人們始終追求著真善美。

　　你看，無論是塡海的精衛、逐日的夸父，還是盜天火的普羅米修斯，這些神話人物身上不正體現了人們對靈魂永恆的追求嗎？你看，無論是以水墨抒胸懷的徐渭，追求「愛之極度明晰的具體化」的凡高，還是爲了繆斯自我放逐到大溪地的高更，這些畫家們不正是用自己手中的畫筆描畫了眞善美嗎？你看，無論是那「飄逸思不群」的李白，寫「大江東去」的蘇軾，還是「我的深愛如陽光普照」的泰戈爾，這些詩人、作家不正淺吟低唱著一曲曲人類靈魂的讚歌嗎？還有許許多多的數學家、天文學家、生物學家……他們在追尋科學眞理的同時也追尋了眞善美，而他們的靈魂亦將在探索的過程中獲得永恆。而更多的，是普普通通工作生活著的人們，他們或許沒有什麼驚人之舉，也不曾有過什麼壯麗的事業，但他們在平平淡淡中，也以自己的辛勤勞動註釋著眞善美。許多人，他們用自己的方式追求著眞善美，追求一個永恆的靈魂，儘管他們也許並沒有以此作爲自己行動的明確目的，但他們的確這樣做了。而事實上，不正是這些可愛的人們讓我們的世界變得更加美好了嗎？

　　還記得哲學家費希特的話嗎？「我的意志與堅定的計劃一起會英勇地、冷靜地飄揚在宇宙廢墟之上；因爲我領受了我的使命，它是永恆的，我和它一樣，也是永恆的。」

　　靈魂可以永恆：永恆的靈魂裡，居住著眞、善、美。

主題是文章的靈魂和統帥，寫文章必須在提煉主題上下工夫。只有認眞提煉主題，才能使其正確、集中和突出，才能做到立意新、開掘深，才能反映事物的本質和規律，給人以深刻的教育和啓迪。本文作者在讀過《海的女兒》之後，心有所感，然後聯想生發，從而提煉出眞、善、美這一「永恆的靈魂」的主題。作者對事物由感性認識昇華爲理性認識的那一「飛躍」準確地達到對事物全體的、內部規律的、完整的認識。文章主題鮮明，而且帶有深刻的哲理性。

延伸閱讀 🖋

荊州三國名勝

　　荊州，曾經是魏、蜀、吳三國紛爭的戰略要地。爲了這塊不凡的土地，他們機關算盡，明爭暗抗，鬥智鬥勇，展開了一場場氣吞山河、震顫歷史的大搏殺。他們不僅爲世人演義出了許多膾炙人口的傳奇故事，也爲荊州這塊古老的土地留下了眾多饒有興味的遺踪勝跡。

健康區

劉備與公安門

　　公安門位於古城牆東南角，又稱小東門，是古城唯一的水門。如今水門碼頭雖早已失去它的功用，但碼頭之上的青石護岸欄杆，上下碼頭的石階仍清晰可辨。公元210年，立營公安縣的劉備，從接替周瑜執掌帥印的魯肅手中僥倖借得荊州，並派關羽鎮守，他自己仍紮營公安。以後劉備每由公安來荊州視察防務，都經水路，由小東門碼頭登岸入城。為紀念這段難忘的歷史，後人遂用劉備駐守之地的公安代稱小東門。年深日久，小東門稱謂淡化，公安門便成了慣稱。

得勝街與洗馬池

　　得勝街即荊州城大北門金水橋外的那條街道。傳說關羽鎮守荊州時，曾北攻樊城，在沔水與曹軍遭遇。此戰關羽水淹七軍，擒于禁、斬龐德，大獲全勝。關羽班師凱旋，經此街道進城，沿街百姓自發聚集兩旁歡迎得勝將士，鞭炮聲聲，鼓樂陣陣，載歌載舞，慶賀勝利。古城經此難得的歷史性場面，人們久久難忘。此街也因之得名為得勝街，且一直沿用至今。關羽得勝回城受到如此盛大的歡迎，喜不自勝，進得城來，見其寶坐赤兔馬征塵滿身，憐惜之情頓生，忽見北門內東側有清澈見底的池塘，於是策馬而至，親手為赤兔馬洗滌，百姓親眼目睹此景，甚為感念，遂將此塘謂之洗馬池，千百年來，民間津津樂道，流傳不衰。

馬跑泉與落帽冢

　　馬跑泉位於八嶺山南麓的馬跑泉村，它是與關羽坐騎赤兔馬緊密相關、充滿神奇傳說的又一處三國遺跡。清道光二十年（公元1840年）在泉旁所立「漢關公馬跑泉碑記」石碑，道盡緣由。碑文敘述：「劉備被曹操圍困當陽時，關羽引師救之，取道過此，人馬俱困，焦渴難當，寸步難移，赤兔馬以蹄刨地，昂首嘶鳴。忠義感動山神，石開泉湧，人馬得飲，精力復萌，速赴當陽救主。」馬跑泉因此而得名。跑泉呈馬蹄形，直徑85釐米，深約2米，泉水清澈味道甘甜，久旱不竭，水中含有20多種礦物質，當地已開發生產冠名爲馬跑泉的礦泉水。緊鄰馬跑泉東側的落帽台，傳說是關羽赴當陽解劉備之危途經此地，風勁、人急、馬蹄疾，戰帽被大風吹落，因此處爲山地高台，當地人崇敬關羽的忠義壯舉，遂將此台謂之落帽台。每逢重陽佳節，人們常來此登台憑弔，散心野趣。唐代詩仙李白登臨此台，就曾詩興驟發，留下了千古詠唱《九日龍山飲》：「九日龍山飲，黃花笑逐開，醉看風落帽，舞愛月留人。」落帽台旁有一座大型封土堆古墓葬，也因此台得名爲落帽冢。

三國公園

　　三國公園位於古城大北門與西門之間城垣邊內側的廣闊地帶，占地26萬平方米，其中水域面積17萬平方米。

　　歷史上，荊州為魏、蜀、吳三國紛爭的重鎮，三國公園因此而得名。三國公園大片水域為古城北湖。公園以北湖的天然風光為依託，分東苑、西苑、珠島、中島四片，自然天成，湖中波光粼粼，荷蓮飄香；岸邊鳥鳴聲聲，綠柳成行。三國公園是一座寓史於景，情景交融，風光秀美的大型民眾遊樂園。

　　園內三國景觀遍布，進入園內，正面相迎的是一座展現「三國風雲」的大型照壁。照壁南側的「桃園」內劉備、關羽、張飛塑像屹立，寓含桃園三結義的美談；北側的「群賢齋」內，煮酒亭旁，梅園梅香，暗合「青梅煮酒論英雄」的歷史故事。園中建有397米的城垣式長廊。長廊北面建有銅雀台，台上銅雀亭內曹操塑像凜然屹立。長廊南面是羽扇亭、孔明橋，橋頭羽扇綸巾的孔明神情悠然自得；與孔明橋相對的湖南岸的懷古亭前是東吳魁首孫權的塑像。此外中島西面的西湖東岸建有一「借箭亭」，亭中備有古代弓箭，遊人可在水中的「連環船」上向泊在湖中的「草船」放箭，以此再現當年「草船借箭」的故事。

　　三國公園建有眾多的遊樂設備，尤其是放舟湖中，蕩槳暢遊，遙想當年三國周郎赤壁，定會別有一番遊興在心頭。

國家圖書館出版品預行編目資料

中學生作文診所：分類作文／李浩英主編. -- 初
版. -- 臺北市：萬卷樓, 2007.08
面；　　公分
ISBN 978－957－739－603－7 (平裝)
1. 寫作法　2. 語文教學　3. 中等教育

524.313　　　　　　　　　　96014691

中學生作文診所
─分類作文

著　　者：李浩英 主編　　蒲基維 校閱

發 行 人：陳滿銘

出 版 者：萬卷樓圖書股份有限公司

臺北市羅斯福路二段 41 號 6 樓之 3

電話(02)23216565・23952992

傳真(02)23944113

劃撥帳號 15624015

出版登記證：新聞局局版臺業字第 5655 號

網　　址：http://www.wanjuan.com.tw

E－mail：wanjuan@tpts5.seed.net.tw

承印廠商：晟齊實業有限公司

定　　價：300 元

出版日期：2007 年 10 月初版